FLY UNITED
OHHHHHH MY GHOD
PLORP

Carrière, *Mit anderen Worten*

Jean-Claude Carrière, geb. 1931, arbeitet seit Beginn der 50er Jahre als Schriftsteller und Drehbuchautor. Erste Kontakte zum Film erhält er, als er für Jacques Tati Romanfassungen zu den Filmen *Die Ferien des Monsieur Hulot* und *Mon Oncle* schreibt. Ab 1963 arbeitet er mit dem spanischen Filmregisseur Luis Buñuel. In den folgenden Jahren schreibt er für Regisseure wie Miloš Forman, Louis Malle, Carlos Saura, Volker Schlöndorff, Andrzej Wajda, Peter Brook und Jean-Luc Godard. Carrière lebt in Paris.

Jean-Claude Carrière

MIT ANDEREN WORTEN

Ein erotischer Sprachführer

Aus dem Französischen übertragen
von Nathalie Rouanet-Herlt
und Helen Zellweger

Alexander Verlag Berlin

Alexander Wewerka, Fredericiastr. 8, D-14050 Berlin
info@alexander-verlag.com | www.alexander-verlag.com
Umschlag: Antje Wewerka unter Verwendung einer Zeichnung von Mark Dean Veca (*Klusterfuck*, 2002 © Mark Dean Veca)

Druck und Bindung Interpress, Budapest
ISBN 978-3-89581-185-2
Printed in Hungary (March) 2008

Paris, am 3. September

Sehr geehrtes Fräulein!

Ich danke Ihnen für Ihren Brief, der mich zutiefst berührt und den schlaffen Mann (der ich aber nicht immer war) wachgerüttelt hat.

Die wissenschaftliche Arbeit, die Sie ansprechen und die heute vergriffen ist, hatte den genauen Titel »Abhandlungen zur Entwicklung des erotischen Vokabulars«. Ich habe sie schon vor sehr langer Zeit veröffentlicht, und ich wage zu behaupten, daß sie bis heute unübertroffen ist. Selbstverständlich sind seitdem einige neue Ausdrücke entstanden – die Sprache lebt –, aber ich habe mich immer so gut es ging auf dem laufenden gehalten.

So haben sich ergänzende Notizen zum Buch angesammelt. Sie verteilen sich bereits über meine ganze Wohnung.

Ich glaube, ich kann Ihre heikle Frage beantworten. Sie fürchten, daß Ihr quälendes Problem mir »eigenartig oder unangebracht« erscheinen könnte. Seien Sie beruhigt: Ich bin glücklich, Ihnen helfen zu können und mein bescheidenes Wissen zu Ihren Füßen zu legen, die ich mir übrigens sehr hübsch vorstelle.

»Es ist kein Handwerk schlecht, doch viele treiben's nicht recht.« Sie beschäftigen sich, wenn ich Sie richtig verstanden habe, mit der »Synchronisation« fremdsprachiger Filme, die, wie Sie sagen, einen entschieden pornographischen Charakter haben, und Sie bedauern den armseligen Wortschatz, der Ihnen vorgelegt wird. Niemand könnte Sie besser verstehen als ich. Es ist vielleicht ein-

oder zweimal vorgekommen, seitdem ich im Ruhestand bin, daß ich mich in eines dieser Kinos verirrt habe, und ich war jedes Mal zutiefst betrübt, und zwar nicht über das Gesehene, sondern über das *Gehörte*. Immer die gleichen abgenutzten und ordinären Wörter. So üppig die Kurven, so flach die Sprache.

Dabei verfügt unsere schöne Sprache, glauben Sie mir, mein Fräulein, in diesem Bereich über wahre, meist verkannte Schätze. Nehmen wir zum Beispiel den Ausdruck *Liebe machen*, den Sie sicherlich verwenden und der seit immer und ewig durch das Verb *ficken* ausgedrückt wurde, das seine heutige Bedeutung schon im 16. Jahrhundert bekommen hat und nach und nach das früher verbreitete *fickfacken* ersetzte, und es lassen sich sofort jede Menge malerische und köstliche Synonyme finden, etwa im Jargon der Schneiderinnen das Wort *einfädeln* oder, um im Handwerklichen zu bleiben, *stangeln* und *wetzen,* die sehr gebräuchlich sind, eigentlich genauso wie *pflanzen, stechen, pfropfen, bimsen*, und nicht zu vergessen *poppen*, das in Deutschland sehr beliebt ist und seinen Reiz hat.* Man sagt auch, *sich poppen lassen, sich ficken lassen, sich vögeln lassen*, die alle interessant klingen, sowie – nur zur Erinnerung – *sich nehmen lassen, sich bumsen lassen* (mit den Varianten *einen drüber-, ran-* oder *reinlassen*), das noch handwerkliche *fegen* (»mein kleiner Kamin müßte mal wieder gefegt werden« schrieb … ich hab' vergessen, wer). Das ausdrucksstärkste Wort bleibt, nach Ansicht der meisten, *ficken*, das man mit Adverbien beliebig ergänzen kann, und zwar mit *durch und durch, sorgfältig, ordentlich* oder je nach Vorliebe und Neigung *wild*, *erbarmungslos*, *blind drauflos*, *was das*

* Zu dem Wort pflanzen erlaube ich mir, Ihnen den vielversprechenden Beginn einer La-Fontaine-Fabel in Erinnerung zu rufen: »Einst pflanzt' ein achtzigjähr'ger Greis. Bau'n geht noch allenfalls; doch pflanzen in den Jahren?«

50494

Zeug hält, bis zum Hals, und so weiter. Nicht vernachlässigen sollte man gewisse geläufige und beliebte Ausdrücke wie *tupfen, springen, stöpseln* und *pimpern*. Beim Fassbinder *läßt man sich anzapfen*.

Der Waffenschmied mag *einfeuern*. Der Polsterer mag lieber *stopfen*. Man sagt ganz einfach *jemanden rumkriegen* wie in dem oft gehörten Satz: »Ich hab' sie rumgekriegt.« Und selbstverständlich auch *aufreißen*.

Wenn man das Handwerkliche besonders schätzt, kann man sich beim Tischler und beim Zimmermann *dübeln*, *nieten* oder *bolzen lassen*. Selbstverständlich kann man fast überall *nächtigen* (manchmal sogar kostenlos) oder *sich etwas zustellen lassen*, nicht unbedingt nach Hause. Man kann *beiliegen*, man kann *beischlafen*; wobei von Schlafen nicht die Rede ist.

Purzelbäume schlagen verströmt frische Landluft. Das gleiche gilt für *ackern, bestellen, durchfurchen, durchforsten, aufpfropfen* (wie der erste Satz der Wahlverwandtschaften: »Eduard – so nennen wir einen reichen Baron im besten Mannesalter – Eduard hatte in seiner Baumschule die schönste Stunde eines Aprilnachmittags zugebracht, um frisch erhaltene Pfropfreiser auf junge Stämme zu bringen.«), *den Dreschflegel schwingen, den Acker pflügen, den Liebstöckel pflücken, den Hahn krähen lassen, sich melken lassen* (normalerweise in Handarbeit), *die Blätter von unten betrachten* – man hört förmlich die Vögel zwischen den Zweigen zwitschern – und *das Gänseblümchen entblättern.* Ich persönlich schätze *sich abrackern, schweißen* und *schürfen* nicht besonders, sie alle erinnern fatal an mühsame Fabrikarbeit.

Ich weise noch auf ein paar ältere Verben hin, einige von ihnen sind nicht mehr in Verwendung, aber man weiß ja nie: *bammeln, bletern, bujen, abern, dormen, lunen* und *munkeln*, noch heute zu hören in der Wendung »im Dunkeln ist gut munkeln«. Die italienischen Renaissancedichter bieten einen reichen Schatz an pikanten Ausdrücken wie *mit gespanntem Segel in den Hafen fahren, der Lerche das Singen lehren, mit dem Blasebalg das Feuer schüren* oder *mit der Dame ritterlich ins Turnier ziehen*. Zu meinem großen Bedauern sind sie in Vergessenheit geraten.

Man kann, und nicht nur zu Weihnachten, *das Christkind in die Krippe legen*. Man kann auch sagen *Liegestütze machen, ins Schwarze treffen, ins Sommerfeld springen, mit dem Zipfel spielen, Vater-Mutter-Kind spielen, Nachwuchs basteln, Doktor spielen* oder einfach *herumspielen*. Bei Rabelais findet man *das Tier mit den zwei Rücken machen, fröhlich die Schwarte aneinanderreiben*, bei Shakespeare *(Maß für Maß)* findet man *Forellen in einem frem-*

den Bach fangen, bei Proust heißt es *Cattleya spielen* (der Name einer Blume, die Odette am Kleid trug) und sich die Pfanne polieren lassen (was eine spezielle Bedeutung hat).

Man spielt auch – verzeihen Sie mir die Inkohärenz dieses Briefes – das *Reiterspiel, Bockspringen, Faßreiten* oder *-wippen, Besen balancieren, Blinde Kuh, Himmel und Hölle, Minigolf.* Oder man konjugiert: ich spiele, du spielst, er spielt, wir spielen, ihr spielt, sie spielen.

In Gotteshäusern hört man meist *Unzucht treiben* und *kopulieren*. Aber auch *eins sein, ein Fleisch sein.* Nicht zu vergessen *beschmutzen* und *sündigen*. In gewissen Situationen verwenden Kirchenmänner bekanntlich Latein. Dies macht *es* salonfähig. Aber ich denke, Latein wird Ihnen kaum weiterhelfen bei Ihren Synchronisationen*.

Erkennen ist der biblische Ausdruck, ein klassischer Euphemismus. Davon kommt auch *kennen* und die Wendung *ich würde sie gerne besser kennenlernen*. Was nicht unbedingt tiefer gehen, noch länger dauern muß, aber es wäre von Vorteil, wenn man dabei kenntnisreich vorgeht.

Man kann auch *das Tanzbein schwingen* oder *ein Tänzchen wagen*. Wenn man jung und ungestüm ist, muß man sich *die Hörner abstoßen* und *sich genügend Auslauf verschaffen*, eine Anspielung auf das Almleben. Auf jeden Fall muß man *die Feste feiern, wie sie fallen*.

Nach dem Zweiten Weltkrieg sagten die GIs, die in Europa stationiert waren, *zig-zig* machen. Warum, weiß ich nicht. Alle meine Recherchen blie-

* Sollte sich jedoch die Gelegenheit bieten, könnte ich Ihnen das Standardwerk *Glossarium eroticum linguae latinae* von Pierruges borgen, das ich in einer besonders schönen Ausgabe von 1826 besitze.

ben ohne Erfolg. Aber ich habe herausgefunden, daß Zirkusleute heute noch *zack-zack* dazu sagen.

Ein Wort, das in dieser Bedeutung veraltet ist und ich beinahe vergaß, ist *laden*, transitiv genauso wie intransitiv verwendet. Restif de la Bretonne verwendete oft *herumwühlen, durchbohren* und *stoppeln*. Man sagt auch *seinen Trumpf setzen* oder viel schlichter *drankommen*.

Weitere altertümliche Worte (für den Fall, daß Sie auch Kostümfilme synchronisieren) sind *bauschen, bausen, aufspießen, knüppeln, weihwedeln, belieben* (»mein Herr, waltet, wie es Euch beliebt«), *hofieren, scharwenzeln, biezen, setzen, böcken, biuwen, rütteln* und *zipfeln*. Rabelais läßt mitunter *die Glocken läuten* (wenn es laut wird). Gelesen habe ich auch *dappeln*, *karambolieren* und *billardieren* (Billard ist ein Spiel, das man manchmal mit Löchern, aber immer mit einem »Stab« spielt).

Sehr gebildet sind *faiken, fosen und bûten*. Ich würde Ihnen davon abraten, da sie heute nichts mehr bedeuten.

Nicht unerwähnt bleiben sollen *abdichten* (für die Löcher im Rumpf) sowie *schrubben* und *bohnern*. Warum nicht *in den Schuh schlüpfen* oder in den Pantoffel, den man übrigens auch küssen oder schwingen kann. Außerdem *überziehen, sich einen angeln, sich einseifen lassen* (selbst wenn man schon sauber ist) und *den Keller ausfegen*. Wie wär's mit *sich flicken lassen, Pfeffer streuen, rudern, die Pistole einstecken, sich bearbeiten lassen* (wie unartig, egoistisch zu sein!), *sich behüten lassen* – das entfernt an Anstandsdamen denken läßt –, *was durchgehen lassen, sich aufschneiden lassen, sich richten lassen, sich lackieren lassen, die Wurst stopfen*? Wie wär's mit *das Butterfaß auffüllen*, wobei *buttern* recht schweißtreibend ist? Warum nicht *ein Ei in die Pfanne hauen, in die Bresche oder die Spalte springen* oder *sich aufs Kreuz legen lassen*? Und schließlich, warum den Verehrern nicht *ein Almosen geben*?

Wenn eine Dame, wie die besten Autoren sagen, eine *pralle Praline, Wasser in der Muschel, eine lose Aprikose* hat oder ihr *die Knospe aufblüht* und wenn ihr all das *unter die Haut geht*, warum nicht *ein Argument vorbringen* und *spitzer Stock nach Rom spielen*? Warum sich nicht *die Erdbeere pflücken* und auch *sich meißeln lassen*? Warum nicht die Gelegenheit am Schopfe packen, *sich eine Saite ins Spinett spannen* und einen Akkord erklingen lassen? Warum sich nicht *die Vordertür nageln lassen*, bevor der Wind durchpfeift?

Wenn eine Frau stramme Waden hat, wie man früher sagte, warum sollte sie sich nicht *die Waden messen* und *kneifen lassen*, bis ihr *die Schenkel glühen*.

Ich schlage vor *ziselieren* für den werten Goldschmied, *harpunieren* für den Walfänger, *justieren* für den Feinmechaniker, *anspornen* für den Cowboy, *vernageln* für den Totengräber, *anspritzen* für den junggebliebenen Witzbold, *die Kanone stopfen* für den Artilleristen, *belaxeln* für ich weiß nicht wen, und *einhusten* erfordert kein besonderes Geschick.

Impfen für den Medikus. Und *kegeln* für den Geschickten.

Wenn man den *Wolfstanz* sagt, dann weil der Wolf zum Imponieren den Schwanz selbstbewußt in die Höhe stellt. *Das Tier besteigen* bedarf keiner Erklärung, ganz wie *Purzelbäume schlagen*, einen *Bauchtanz aufführen* und *mit der Lanze stechen* (eine schmerzhafte Erinnerung an die Religionskriege). *Plätten*, vielleicht ist das neu für Sie, bedeutet nicht nur bügeln. Plätten kann man auch den Hintern, das erinnert wiederum an den *Schuhplattler*, ein alpenländischer Werbetanz, wo der Bursche mit rhythmischen Körperschlägen auf Oberschenkel, Waden und Fußsohlen das Mädchen umtanzt. Ob man *den Maibaum aufstellt* oder im restlichen Jahr einen Baum pflanzt, wie auch immer, man muß reichlich gießen.

Im Laufe meiner Recherchen bin ich auch auf regionale Ausdrücke gestoßen. Josephine Mutzenbacher verwendet zum Beispiel *nach Greifenstein fahren* oder *in die Freudenau reiten*. Vielleicht um den Geliebten in Verwirrung zu versetzen? In der Natur läßt sich so schön *die Orientierung verlieren*.

Jeder kann *den Toten Mann machen* (dem Bild mangelt es allerdings an Lebendigkeit), *eine Polsterschlacht machen, die Orgel spielen, Pflock* und *Grübchen spielen*, wo man die Nuß ins Loch hineinschnellen muß, *die Maus an den Käse ranlassen* und *den Speck in der Pfanne brutzeln. Offene Türen einrennen* sagt man, wenn man auf keinerlei Widerstand stößt. *Schleppen* hat was Anstrengendes an sich. Man sieht geradezu Treidler, die Lastkähne flußaufwärts ziehen.

Knochenarbeit leisten ist für meinen Geschmack ein bißchen extrem. Man kann auch *die Achse schmieren* und *Milch in die Meierei fahren*. In *Die Elftausend Ruten* von Apollinaire läßt man sich *geißeln*.

Auf dem Lande sagt man über eine junge Frau, die sich der Übung schon hingegeben hat: Sie weiß, *wo die Glocke hängt, wie der Hase läuft* oder wo *der Knoten sitzt*. Sie hat sich mit der *großen Schlummerrolle schlagen* lassen, ist schon mal *auf dem Besen geritten* und ist *über den Bach gesprungen*. Sie hat ihr *Sparschwein geschlachtet*, die Unvorsichtige. Da geht es hin, ihr kleines Kapital.

In kühlen Regionen können sich Männer ihrerseits *ins Warme bringen*. In den Kolonialländern hingegen sagte man: sich *vor den Moskitos schützen*.

Im Paris der 50er Jahre pflegte man in Saint-Germain-des-Prés zu sagen: ein *Mädchen erledigen*, *nach Dada, Radada oder Pinada reiten* (»so schön, schön war die Zeit«), *den Keks eintunken**, man bevorzugte *den Zwieback*, *den Pastinak* oder den *Kleinen zum Zirkus bringen*. Man sagt auch *das machen*, *bum machen*, in den *Venusberg eintunneln*, ein *Bettballett aufführen*, ins *Rote treffen*. Lieber mag ich den Klang von in die *Heia gehen* oder *Heiapopeia singen*.

Wenn ein Mann *gut im Stande* ist, wie man sagt, oder einen *festen Händedruck* hat, hat er anders ausgedrückt einen *Steifen*, einen *Ständer*, eine

* Eintunken, aber auch einweichen.

eiserne Rute, einen *dicken Kopf*, einen *festen Knochen,* eine *Stehlampe* und alle möglichen feste Gegenstände. Wenn das *Quecksilber steigt* (was schon ein gewisses naturwissenschaftliches Grundwissen voraussetzt), wenn er vor lauter Ungeduld *seinen Hosenlatz aufknöpft* und seinen *Spritzwurm an die frische Luft holt* (wie man bei Rabelais lesen kann), wenn er wie ein Jagdhase mit dem *Hinterlauf klopft*, wenn ihm ein *Licht aufgeht*, wenn sein *Bubikopf einen Köpfler* machen, wenn er mit der *Büchse einen Schuß abgeben* möchte, wenn er *geladen* ist, wenn ihm das *Messer in der Tasche aufgeht*, wenn ihm der *Saft schon in den Baum steigt*, wenn ihm der *Hut hochgeht*, ich hoffe, Sie können mir noch folgen, denn das ist erst der Beginn einer langen Aufzählung, wenn er den *Koloß abtropfen*, den *Kurzen tränken*, den *Zyklop absahnen* will (irgendwie gefällt mir das Bild mit dem Einäugigen), wenn er nur daran denkt, die *Gurke zu entsaften*, den *kleinen Mann zu entrosten*, seinen *Pudel frei laufen zu lassen* und die *Kirchturmglocken zu läuten* (man hüte sich vor den Fundamentalisten), wenn der *Teig aufgegangen* ist, wenn er *Horngrimmen* hat, dann *pflanzt er die Genußwurzel* ein, er gibt der Frau den *letzten Schliff*, er *stößelt* sie, er *schleimt den Wenzel aus*, er gibt ihr eine *Einreibung*, er *stemmt einen Bolzen*, er *beschnarcht* sie (bevorzugt danach), er serviert ihr einen *Absacker*, einen *Schlummertrunk*, er *gibt es ihr ordentlich*, er *macht sich ans Werk*, mit einem Wort, er *erfüllt seine Pflicht.*

Wenn eine Dame besonders viele Hindernisse in den Weg stellt, muß man sie manchmal einfach *bespringen.*

Im Senegal sagt man schlicht: *Das ist der Mann, der meine Schwester umkehrt.*

An dieser Stelle nun ein sehr schöner Satz, der angeblich vernommen wurde. Zu meinem Bedauern war er für ein anderes Ohr bestimmt als das meine. Sie sagte: »Teile mich mit deinem großen Samtmesser entzwei.«

Können Sie ihn vielleicht verwenden?

Man kann eine Frau *ankuppeln* und sie *anrichten* (aber mit welcher Sauce?), ihr *Honig um den Mund schmieren*, und nicht nur um den Mund. Man kann auch zum *Akt übergehen*, die *Frucht pflücken*, wie beim Schach *in die Dame kommen*, *nach Kythira* (oh, wie schön!), *zur Göttin der Liebe gehen* und auch *ins Glück reiten*.

Ja, mein Fräulein, es reicht von vulgär bis göttlich, von sehr ordinär bis äußerst raffiniert. Es reicht von *die Schwarte aneinanderreiben* und eine *Dusche verpassen*, die zugegeben ein bißchen derb sind, bis die *Freude der Welt offenbaren* und sich in den *alten Tanz einreihen*.

Die zwei letzteren scheinen mir einfach wunderbar. Aber noch mehr mag ich, wenn man die Liebe als das *Brot der armen Leute* bezeichnet. Zwei nackte Körper brauchen nichts, um sich vom *Genuß der Welt* zu erzählen oder sogar wie Könige den *Thron des Genusses* zu besteigen.

Setzen wir unsere Reise fort.

Der Ausdruck *Hundehochzeit feiern* bleibt für mich rätselhaft. Man kann auch *Schwänzlein in die Höh'* spielen, *über die Schwelle tragen*, den *ersten Schritt wagen* und ein *Opfer vollziehen*. Dieses Opfer wird, wie Sie sich denken können, für gewöhnlich der Göttin Venus dargebracht.

Man kann auch *Sankt Priapus feiern*, versuchen Sie gar nicht erst, ihn im Kalender zu finden.

Man kann die *Abendmesse zelebrieren,* und diejenigen, die sich eine Ministrantenseele bewahrt haben, können schon mal den *Introitus singen.*

Stoßen (vielleicht wegen der weiblichen Rundungen?) klingt ein bißchen grob, man kann *sich zusammenleimen* und *ganze Sätze bilden*. Man kann sie *anbeißen*, sie *durchführen*, man kann sie *abschicken*, sogar per Eilpost, wenn es sein muß. Es gibt auch die *zarte Angelegenheit.*

Man kann *plaudern*, die *Rohrpfeife spielen,* und man kann schlicht ein *Nickerchen machen*. In einem Lied von Tucholsky habe ich gefunden *einmal hin und einmal her. Rundherum ist gar nicht schwer* sagt er allerdings nirgends.

Wünschen Sie es treffender? Mit einem Freudenmädchen geht man in die *Schnellbleiche*. Im Fränkischen heißt es *drüberrumbln.* Die Jugend von heute verwendet unter anderem *eine Nummer (eine Runde, eine Tour) abziehen* oder *eine gute Nummer schieben.* Ich verwende sie zwar nicht, dennoch merke ich sie mir der Vollständigkeit halber. In den französischen Banlieues redet die Jugend Verlan, wo die Silben umgedreht werden. Aber machen sie *es* auch verkehrt rum? Jedenfalls sagen sie *ein Mädchen anstechen.* Und sie gehen so weit, sie *in Brand zu setzen.*

Ich ergänze ohne Sinn und Ordnung (ich bin eben der geborene Chaot): eine *Handarbeit machen, Purzelbäume schlagen*, eine *Lanze brechen, Bauch hutschen, Scheiben schießen*, einen *Stiefel anziehen, Arschbackenklemmen* spielen und *ohne Sattel reiten.* Wenn man schwimmen kann, wagt man den *Sprung in den Kanal.*

Man kann – es ist nur eine Frage der Organisation – *Handelsbeziehungen* haben und auch ein

Gipfeltreffen abhalten. In den besten Fällen wird *gebetet*, vor allem bei den Damen, und das nicht unbedingt mit gefalteten Händen.

Eine Frau, die obenauf ist, *setzt sich auf den Korken*, wahrscheinlich in der Hoffnung, daß er bald knallt. Machte man es vor dem Krieg auf einem Stuhl, hieß das der *amerikanische Korkenzieher*. Einst, als man sie noch auf den Rücken legte, ließ man sie *die Balken zählen*.

Wenn es sich im Dunkeln abspielt, läßt man den *Maulwurf graben* oder *das Wiesel frei*.

Wenn es ein bißchen dauert, *macht man den Schlosser*, der sich mit seinem Schlüsselbund alle Zeit der Welt läßt. Danach kann man das *Beilager feiern*, manchmal bis in die frühen Morgenstunden. Vorausgesetzt, man hat nicht vergessen, seine *Klarinette einzustimmen*, den *Bogen zu spannen* oder gar die *Kerze anzuzünden*. Für den leichten Zeitvertreib, bevor es ernst wird, sollte die *Rübe* allerdings *knackig* sein und es auch bleiben. Wie soll Mann sonst die *Lustgartenhecke* finden? Und dem *Kanarienvogel den Durst löschen?*

Eine amüsante religiöse Analogie, die pikanterweise aus Nordafrika stammt, ist: sein täglich *Brotlaib essen*. *Auf der Schaukel sitzen* kommt auch aus dem Maghreb. Ein bißchen südlicher, in Dakar, nennt man es das *große Beben*.

Der Schauspieler Jean Carmet, der für seine Sprüche bekannt war, mochte *sich abtupfen lassen* und nannte sich einen *tüchtigen Holzfäller*. Ich erzählte ihm, daß Taxifahrer über einen besonders ausdauernden Kollegen sagten, er könne *drei Runden fahren ohne die Fahnen zu strecken*. Er hatte im Gegenzug einige Radfahrerausdrücke parat. Wenn es anstrengend wird, muß man in den *Wiegetritt* übergehen. Es geht nicht immer darum, das *Trikot des besten Bergfahrers* zu ergattern. Man kann sich auch mit dem *Hinterteil des Pelotons* zufriedengeben.

Wenn sich Matrosen aufknöpfen, *zeigen sie ihren Längengrad an*, der variabel ist und manchmal windempfindlich.

Ein Hausierer *halst sich seine Freundin auf*. Manches Mal ist seine Kraxe etwas schwerer. Was den Maler angeht, so *tüncht* er seine Braut.

Man sagt auch, sich ein Mädchen *leisten*, oder einen Mann. Man kann sie sich auch *gönnen*. Schließlich *besitzt* man sie, was etwas Bürgerliches an sich hat, und Eigentum ist bekanntlich Diebstahl.

Den *Koitus ausführen*, *koitieren*, *sich paaren* und *sich vereinigen* sind ziemlich banal. Ich zähle sie nur zur Erinnerung auf. Unter den Regionalismen und den Berufsausdrücken finden sich Schätze wie sich in *Scheibchen schneiden* lassen, den *Soldaten eintunken*, den *Prellbock rammen*, den *Kolben schmieren*, *sich besteigen lassen* (in Bergregionen), im Militärjargon *niedersäbeln, einfallen, drüberfegen, auf die Schnelle und ohne viel Federlesen rödeln* und dabei das *Magazin* oder die *Patronenkammer leeren*. So begeben wir uns aufs *Schlachtfeld*. Daher *werden die Mädchen zur Zielscheibe* und *geraten in die Schußlinie*. Ich vermerke das *Brot in den Ofen schieben* für den Bäcker und seinen Lehrling. Ich vervollständige mit *Freudensprünge machen* (was bezaubernd ist), *den Partner umschenkeln*, ein *Fickerchen machen* und im Küchenjargon (neben *schrubben*, was ich bereits erwähnt habe) *farcieren*, *aufspießen*, *spicken* und *specken*, *auf kleiner Flamme köcheln lassen* und *in die Pfanne hauen*.

Im Bereich der modernen Literatur, in einem Text der Wiener Autorin Margret Kreidl, habe ich *pflaumentauchen* und *muschitaufen* gefunden.

Schließlich das Gängigste von allen und sicher nicht das Häßlichste: *es machen*.

In Japan sagt man die *Zeremonie* und die *zärtliche Melodie*. Man spricht auch von *das Schlafgemach teilen* und von der *segensreichen Harmonie*.

Sich placken ist ein alter Ausdruck, der mir wenig behagt. Ich kann nicht umhin, an plagen zu denken. Als Liebhaber von Büchern ziehe ich *schmökern* vor, das hie und da bei Ronsard wie auch bei Mirabeau auftaucht. Es hat etwas Behagliches, eine Frau Blatt für Blatt zu enthüllen.

In Masematte, einer mundartlichen Geheimsprache der fliegenden Händler, sagt man nabbeln, und eine Professionelle nennen sie eine *Nabbelschore*. In anderen Milieus sagt man von einer Frau, *sie ist keine Spielverderberin, sie mag es, sie sagt nicht nein, sie läßt nichts anbrennen, ist eine gute, eine ausgezeichnete, eine außerordentliche Gelegenheit*. Man kann schlicht und einfach sagen, sie ist ein *Sesam-öffne-dich*, man braucht nur die richtige Parole. Ich streife en passant ein paar abgeschmackte Wendungen wie: sie ist *naßforsch, aufdringlich, läufig, unersättlich*, ich höre auch gleich auf, denn Wörter für eine unsittliche Frau (was für ein freudloser Ausdruck!) gibt es wie Sand am Meer. »Nichts ist beschränkter als Lust und Laster«, beteuerte Baron de Charlus bei Proust. Nichts ist erfindungsreicher als die Sprache, die die Unsitten benennt. In meiner Jugend sagte man über eine Frau, die die Liebe liebt: *Sie ist sextoll*. Sagt man das heute noch? Ich weiß es nicht. Wörter kommen und gehen. Aber die Dinge?

Vielleicht sind Ihnen folgende Sprüche unbekannt, die man für eine durch jahrelange Übung gewandte Frau verwendet: *Sie hat viele Flugstunden.* Und sogar: *Ach, ihr Pelz hat so einiges gesehen!*

Entschuldigen Sie bitte diese Abschweifungen.

Ich fahre bar jeder Ordnung fort – aber ist im Grunde Unordnung nicht eine Form von Kultiviertheit? Und was birgt mehr Unordnung als eine Enzyklopädie? *Sich tummeln* (»Sie tummelten sich die ganze Nacht.«) hat seine Wurzeln im 16. Jahrhundert.

Schließlich – wo habe ich meinen Kopf? – hätte ich beinahe das anschauliche *chaumeln* vergessen und selbstverständlich *einen Schuß machen, den Krampf loswerden, die Glieder strecken, einen Schuß in die Apfeltasche, in den Bauchfleck, ins Beuschel* oder in jedes denkbare Behältnis *abkriegen*, sowie *decken, besteigen* und *beschälen*, die an Tierzucht erinnern. Und *schnüffeln*, das etwas Niedliches hat.

Ein letztes Wort zu *reinstopfen* und *-stecken*. Und Shakespeares Julia: »Oh willkommener Dolch! Dies werde deine Scheide.« Ich vertraue Ihnen noch ein paar weitere Ausdrücke an: *sich betäuben lassen, sich titteln lassen, sich berackern lassen, sich bearbeiten lassen, sich den Keller ausfegen lassen, sich die Gänge bohnern lassen, sich die Diele einwachsen lassen*, und in der Briefträgersprache *sich abstempeln lassen*.

An gewittrigen Abenden *setzt man das Kätzchen auf den Blitzableiter*. Da wird es gewiß schnell naß.

Man kann auch den *Knüppel zwischen die Beine werfen*, im wörtlichen wie im übertragenen Sinn, oder einen Kreistanz tanzen: »Ziehe durch, ziehe durch, durch die gold'ne Brücke ...«, dies allerdings nur, wenn man noch Sinn für den reizenden Reigen hat. Will man betonen, daß es zwar oft, aber nicht besonders gut, sondern recht ungeschickt abläuft, so sagt man *Schaum schlagen.* Nimmt man die Sache nicht so ernst, heißt es *fummeln* und *kosen*. An feuchten Tagen *taucht man seine Nudel ein. Durchsumpfen* kommt von einem Autor, der einst auf diesem Gebiet sehr einfallsreich war.

Beim Tischler und beim Fassbinder sagt man, wenn es darum geht, eine gewisse Unerfahrenheit auszudrücken, man läßt sich *anbohren* oder *anschlagen*. Die Müllerin ließ sich *mahlen*.

Ich erwähne außerdem *milzmösen*, das ich bei dem französischen Dichter des 16. Jahrhunderts François Rabelais gefunden habe und das ein wenig abwertend ist. Gargamelle wurde getadelt, daß sie sich während der Schwangerschaft milzmösen ließ, wo doch Tiere, wenn sie tragend sind, kein Männchen an sich heranlassen.

Unter Bacchusbrüdern sagt man sowohl *sich stöpseln lassen* als auch den *Anstich machen*, Ausdrücke, die nur scheinbar widersprüchlich sind. Während der Hundstage lassen sich Gartenliebhaber *besprengen*. Wie erfrischend so ein *Liebesregen* sein kann!

In der Umgangssprache kriegt die *Fahnenstange*, das *dritte Bein* oder der *Familienstrumpf* einen ab, oder er *läßt sich besteigen*. Auch Reiter *steigen auf*, *sitzen rittlings* – und schuften ganz schön. Andere lassen sich *abschlaffen* oder *abspecken*. Sie *erleichtern* sich, nicht ohne einen tiefen Seufzer. Die sexuelle Begierde kann ein Tyrann sein, von dem einen das Alter nach und nach befreit.

Man kann auch *das Baguette in den Ofen schieben.* Warum das Baguette? Ich weiß es nicht.

Aber Schluß für heute. In meinem ständigen Chaos habe ich bestimmt einen Teil meiner Notizen verlegt. Verzeihen Sie mir also meine Gedächtnislücken. Nichtsdestotrotz hoffe ich, daß ich Ihnen dienlich sein konnte, sowohl für Ihre Arbeit als auch für Ihre persönliche Bereicherung. Nur schade, daß ich das Angenehme nicht mit dem Nützlichen verbinden konnte.

Meine Wortstudie ist nicht erschöpfend. Jeder kann seine eigenen Kreationen einfügen ... Ach ja, *eindringen* habe ich vergessen wie auch *penetrieren, perforieren.* Ergänzungen willkommen! Eine Sprache lebt nur durch die Menschen, die sie sprechen und erfinden.

Ich stehe zu Ihrer Verfügung – nicht persönlich, sondern mit meinem Wissen – und verbleibe mit Hochachtung.

POSTSCRIPTUM: Sie haben mir freundlicherweise eine Entlohnung angeboten. Die Rente eines Professors ist zwar nicht hoch, aber Ihre Honorare sind bestimmt auch nicht exorbitant. Daher schlage ich vor: Verfügen Sie über meinen Brief, es sei denn, Sie wollen in Naturalien bezahlen. Ich hoffe, Sie verzeihen mir diesen kleinen Scherz.

Paris, am 19. September

Liebes Fräulein,

ich bin im wahrsten Sinne des Wortes verzaubert, daß Ihnen mein Brief so gut gefallen hat, daß Sie ihn sogar auswendig gelernt haben. Und ich gebe Ihnen recht, Worte sind eine wahrlich schöne Sache. Sie sind ein Versuch, das Universum zu erfassen. Eines Tages, wenn sich die Gelegenheit ergibt, werde ich Ihnen von manch anderen Worten erzählen und den Liebschaften, die ich mit ihnen pflegte.

Jetzt aber kommen wir zurück zur Sache. Meine Liste von Wörtern und Wendungen scheint Ihnen relativ vollständig, doch werfen Sie mir vor, mich auf den Liebesakt zu beschränken. Erbarmen mit der Einsamkeit, in der ich lebe: Wie konnte ich ahnen, daß Sie auch Wörter für das Geschlecht wünschen, das männliche und das weibliche? Oder vielmehr: Wie konnte ich nicht daran denken?

Machen wir dieses Vergehen schnell wieder gut.

Beginnen wir mit dem sogenannten schönen, zweiten und schwachen Geschlecht. Man nennt es generell die *Fotze*, das nachgewiesenerweise vom mittelhochdeutschen *fut* bzw. *vut* kommt. Dieses wiederum kommt aus dem Lateinischen volvere, sich wölben. Das Wort hat sich erst später zum Schimpfwort entwickelt und wird heute manchmal auch unabhängig vom Geschlecht des Gegenübers für einen besonders dummen Menschen verwendet. Entgegen der allgemeinen Meinung scheint mir dieses Wort jedoch sehr schön und noch prickelnder die Verkleinerungsform *Fötzchen*.

Neben *Fotze* sind *Muschi*, *Pussi* und *Möse* am gebräuchlichsten. Man kann ganz einfach auch *das Ihrige* oder noch schöner *l'autre chose* sagen. Erlauben Sie mir, Ihnen die *Leier* vorzuschlagen, die recht musikalisch ist. Das *goldene Vlies* und ein älterer, sehr charmanter Ausdruck ist die *hohle Gasse*, die uns ins *Tal der Wonne* führt.

Man verwendet auch die *Feige* – der Begriff kommt aus dem Italienischen –, die *Aprikose*, den *Pfirsich*, die *Zwetschge* und die *Dattel* (eigentliche alle Früchte), die *Brombeere* (ab einem gewissen Alter) und viele Ausdrücke, die an eine bukolische, wohlige und feuchte Landschaft erinnern, wie zum Beispiel die *Talmulde*, der *Liebesbronn*, der *duftende Garten*, das *Hügelland*, der *Unterwald*, der *kleine Liebesgarten* und der *Venushügel*. Sehr allgemein sagte man früher das *Wunder der Natur* oder einfach nur die *Natur*. Wenn man dort lustwandelt, in diesem *Feld*, in diesem *Blumenmeer*, findet man auch

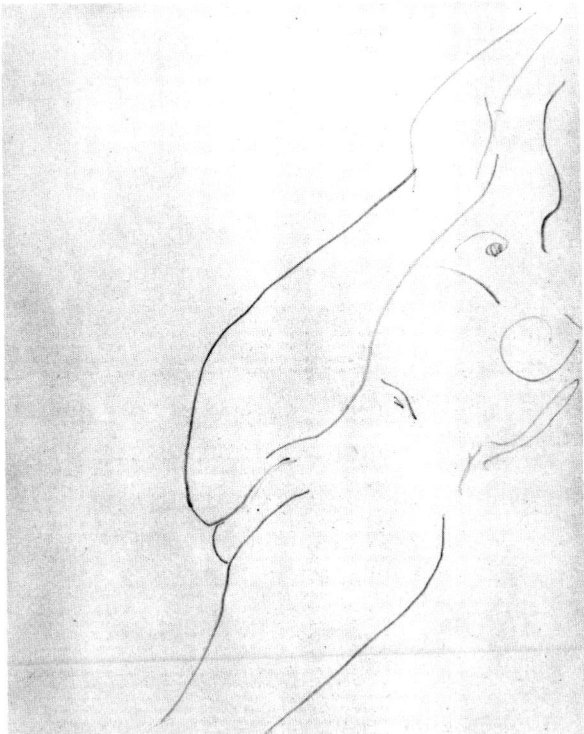

Brunnenkresse, stößt auf eine *Schlucht* (Achtung, Schwindelgefahr!), auf eine *Liebesgrotte*, einen *Lustbrunnen*. Die *Spielwiese* ist weit verbreitet sowie das *Moos*, die *Rose* und das *Nest*. Man kann vom *Lustwäldchen* oder vom *Freudenteich* sprechen, vom *Stall* und ab und zu von *Wassermühle*. Es ist der *Obstgarten der Cypris*, genau wie der *Hafen von Kythira*. Das ist die *Quelle der Venus*, ja sogar der *Weingarten des Herrn*. Hier wird manch Durst gestillt.

Igel sagt man vor allem, wenn sie sich zu wehren versteht, *Häschen*, wenn sie behend, *Murmeltier*, wenn sie schläfrig ist. Für eine Feurige sagt man die *Pfeffermühle*. Es ist *der gespaltene Berg, der haarige Berg, das Teufelsloch*. Es ist die *Krabbe*, die *Garnele* und die *erste Quelle des Lebens*. Man sagt auch *Liebesquell, das Moospolster* (oder *die Mooshöhle*) und *die Tropfsteinhöhle*. All das hat mit Garten und Wasser zu tun, so wie die *Mühle*, der *Graben*, *der Liebesbrunnen*, wie *die Schnecke* auch ein Gebäck. Bei einem Anonymus aus dem 17. Jahrhundert fand ich *die überwucherte Grotte,* wohin man sich gern zurückzieht. Woanders habe ich auch den *Tunnel des Todes* gehört, der jagt mir allerdings eher den Schrecken in die Glieder.

Das *Blümchen* kann man auch in diesem Sinne verwenden. Das Gänseblümchen bedeutet im übrigen Jungfrau (die darauf wartet, gepflückt zu werden). Die *Vorhänge* öffnen und schließen sich bei jedem Akt. Aus der *Bonbonniere* stibitzt man gerne Pralinen.

Ich fahre fort mit landläufigen Benennungen, die aber nichts mit Landleben zu tun haben: die *Muschel,* die *Mandel,* die *Nasse,* der *Feuerofen, Papas Höhle* und selbstverständlich auch die *Mieze,* das *Miezekätzchen,* die *Pussi* (die drei letzten haben unübersehbar mit der Katze zu tun, die man gerne streichelt, und auf englisch heißt es *pussycat*), man sagt auch *Katze* und *Nadelöhr,* je nachdem ob man streicheln oder sich einfädeln will. Und ein delikates Wort aus dem 18. Jahrhundert, das ich beinahe vergessen hätte und das mir auf der Zunge zergeht, ist das französische *sadinet*. Es kommt vielleicht von de Sade und reimt sich nicht auf fade. Ich schließe diesen Absatz mit *die Honigblüte, die Gaumenfreude, der Spaltblättling, der Liebesköcher*. Um das Maß voll zu machen, nenne ich den *Seelenwärmer*, den *Mörser*, die *Bucht* und die *ewige Narbe*.

Bevor ich weitergehe, möchte ich ein paar Kuriositäten aufzählen: der *Saal der Feste* (in den man mit einer gewissen Steifheit eintreten sollte), die *Schnekke im Schlafrock*, die gemütlich ihres Weges geht, oder die gleiche im *Schneckenhaus*, der *Ring des Hans Carvel*, der uns von Alfred Delvau, einem Gelehrten des 19. Jahrhunderts, überliefert wurde. Er hat ihn aus Rabelais' reichen Gewässern gefischt. Ich schlage Ihnen auch die sehr bildhafte *Haartruhe* und die überschwemmungsgefährdeten *Niederlande* vor, der *Hiatus*, manchmal auch der *Göttliche* genannt, der

Marquis von Schosa (verstehe, wer wolle), die *Grenadiersmütze* (wegen des Bärenfells, nehme ich an), das *Tor zur Seligkeit* und der *Stoff, aus dem man Armut macht* (wehe dem, der sich darin kleidet).

Wir bleiben bei Rabelais: die *Mäusefalle* (auf daß die Mäuse die Katze fürchten!). Sowie *Nicknock*, *Tricktrack* und *Flush*.

In der Sprache der Totengräber: *die Stätte letzter Ekstase*. In einem seiner Gedichte schreibt Boris Vian, daß er nicht »krepieren« möchte, »bevor sich nicht sein Schweif in *dies und das* getraut«.

Der französische Kabarettist Pierre Desproges wollte *pilou-pilou* in Umlauf bringen, ist damit aber nicht sehr weit gekommen.

Ausdrücke aus der Umgangssprache gefällig? Hier, bitte, können Sie aus dem vollen schöpfen: *Spalt* und *Stube*, *Zwetsche* und *Schnalle*, *Wurliblume*, *Pumpelmeise*, *Tschurimuri*, *Mullemaus*, *Fanni*, *Dorli und Musch* sowie das *Loch*. Übrigens sind hier alle Löcher erlaubt: vom *Puhlloch* bis zum *Ofenloch* und für die Astrophysiker das *schwarze Loch*, das Energie schluckt. In unseren Vorstädten sagen sie: *Fleischtopf*, *Fundgrube*, *Keller*.

In einem alten Handwerkerlied heißt es: »Am Pariser Brunnen saßen vierzehn Nonnen und wuschen sich die *Punnen*.« Und weiter: »Junge, wenn du willst, Junge, wenn du willst, spiel auf meiner *Runzelpunzel*.« Das *Tal von Paphos* ist ein bißchen schulmeisterlich, genauso wie die *Zyme*.

Ein Rätsel für mich bleibt *Senegal*. Es ist bei vielen Autoren nachzulesen. Woher es kommt? Ich weiß es nicht. Ist es etwa mit dem Ausdruck *das Schwarze* in Verbindung zu bringen?

Religiös angehauchte Seelen verwenden *Altar*, der auch ein *Altar der Natur* sein kann (die schon wieder!) oder der *Hochaltar*. Das *Tabernakel* öffnet man mit Andacht. Dazu passen auch die *Kapelle*, der *Kelch*, das *Weihwasserbecken*, ohne die *göttliche Öffnung* zu vergessen, natürlich nur in der Ehe.

Was das *Liebesbrevier* angeht, blättern manche täglich darin. Und sehen sich dabei die Heiligenbildchen an.

Für jene, die nach Liebe hungern, der *Lustnapf*. Unter den Gefäßen und Behältern, von denen es jede Menge gibt, haben Sie die Wahl zwischen dem *Becken* (das man sich meistens breit vorstellt), der *Schale*, der *Schüssel*, dem *Bottich*, dem *Tiegel*, dem *Feuerofen*, der *Büchse*, dem *Topf*, dem *Sparschwein* (Achtung, nur bei gewissen Damen!) und dem *Trichter*, dem Anfang aller Dinge. In Spanien ist es *la concha*, die Jakobsmuschel, die sich die Santiagopilger als Kennzeichen an ihren langen Stab steckten. Ich füge den *Muff* hinzu, das *haarige Loch*. Und ich ende mit dem *Liebeskerker*, den manch einer mehr als die Freiheit schätzt. Ich denke da an Merlin, der sich blind vor Liebe von Viviane in einen »Zauberpalast« einsperren läßt, einer für andere unsichtbaren Zitadelle.

Auf Romani sagt man ziemlich oft *Minsch* oder *Mintsch*. Im Orient wird man in der berühmten *Herberge von El Mansour* erwartet. Die Chinesinnen nennen es ihre *kleine Dschunke*. Man sagt auch das *bengalische Feuer* (vielleicht in Anspielung auf die Tigerin von Eschnapur?). Bleiben wir in unseren Regionen: die *Scheune*, wo man sich im Heu wälzt. Und auch der *Laden*, und die *Bude*, die *Koje*, die *Kabine*, das *Schloß* und *Quetsche*. Die *Kasematte* und die *Zitadelle* wehren jeden Angreifer ab.

Den *Kamin* und die *Liebesstätte* mag ich gern. Vor *Kaute* und *Basmeichel*, *Musse* und *Schmuppe* bin ich aber ratlos. Ich meide den *Zirkel* und das *Scheunentor* (aus Angst vor dem Bauern). Ich ziehe etwas bescheidener das *Schlupfloch* vor, das *Knopfloch* und die *Fuge*. Ich träume vom *Feigenblatt*. Ich erwidere das *senkrechte Lächeln*. Am *Brötchen knabbern*, besonders an einem lauwarmen. Bei einem *Mäuschen*, das man bereits bei Aretino findet, werde ich weich. Die *Schmarre* und die *Wunde* erfüllen mich mit Mitleid, da sie nie verheilen. Meine Münze lasse ich gerne in den *Pompadour* gleiten.

Ich liebe schlicht das *Ding*.

Das *Boot* und das *Schiff* können uns auf eine Reise entführen, vorbei an den *Klippen der Schenkel* und der *Liebesschlucht* bis zur *Schatzkammer*, manchmal wohlbehütet, bis zum *Scheideweg des Ergötzens* und zur *Wunderlampe.*

Vor der *Höhle* habe ich manchmal Gänsehaut, wer weiß, welches Ungeheuer darin kauert. Ich suche meinen Honig im *Bienenkorb.*

Erwähnen möchte ich *Cremeschnitte, Venushügel* (dazu die *Venusspalte*), *Geißbart* und *lockiges Delta.* Man kann sagen: *Ich gehe in den Keller* oder zum *See.* All das bezieht sich auf den *Lustmund,* den *geheimen Schlund* und die *Futrille.* Oder ganz einfach *das da unten.* Man sagt auch das *Etui* und bei Musikern das *Flötenetui.* Aus dem *Klemmring* kann man sich nicht befreien. Man kann sogar die *Falle* oder das *Labyrinth* sagen. Wenn es sich um einen verkehrsreichen Ort handelt, sagt man, es ist ein *öffentliches Verkehrsmittel* oder einfach *die Maginot-Linie* (die wenig Widerstand leistet). Am Bumsbahnhof steckt man sein Bares in den *Auto-*

matenschlitz, um zur *Verkehrsinsel* zu kommen. Das kann bis zum *Verkehrschaos* führen. Man hört auch *Autobahnauffahrt* oder einfacher, wenn eine Gebühr verlangt wird, die *Maut*. Wie auch immer, es kommt auf dasselbe raus.

Bildreich scheinen mir das *Oval* und die *runde Klammer*. Für Liebhaber von Streicheltieren schlage ich vor: *Bärchen*, *Hündchen* und die *Angorakatze*. Man nennt es das *Zentrum*, die *Mitte*, die *Vermittlung, die Wählscheibe*, aber auch das *Zwischengeschoß* und manchmal das *Labyrinth*, wo sich manche verlaufen.

Im Atelier der Bildhauer geht es um das *Hochrelief*, etwas, was nach Handarbeit verlangt.

Kommen wir zu den Früchten zurück, um noch und die *Himbeere* und die *Erdbeere* hinzuzufügen (ganz genau: die *im Moos versteckte Erdbeere*). Nicht zu vergessen die *Pistazie* und vor allem die *Mandel.* Die schon erwähnte *Feige* und die *Aprikose* sind so geläufig, daß man sie manchmal personifiziert, zum Beispiel die *Aprikose der Gärtnerin. Und im Elsaß die Quetsche.*

Juwel ist charmant und wird für beide Geschlechter verwendet. Es kann auch seinen Preis haben. Das *Feuerloch* macht ein bißchen Angst. *Mons pubis* klingt diskret und wissenschaftlich. Die *Laterne* bleibt für mich obskur. Obwohl man sie auch leuchten lassen kann. Die *Bresche* hat was Militärisches. Sie möchte im Sturm genommen werden. Der *Ring* gehört zur Ehe. Die *heiße Blume* erinnert mich aus irgendeinem Grund an die Tropen. Die *Penne* riecht stark nach Schule. Die *Luke* lockt den Matrosen, die *Nadelbüchse* gehört zur Klöpplerin.

Ich mag auch das *Frühlingsbeet*, irgendwie möchte man seinen Samen aussäen, oder die *Lade*, das

Geheimnis, die *Frittentüte* und eventuell der *Riß*. Das *Dingsda* hingegen spricht mich kaum an. Das *Delta* wird immer breiter. Ich hüte mich davor.

Bleiben noch die *Goldgrube* und das *Sparschwein*, beide riechen nach Geld, ein bißchen wie der *Broterwerb*, das *Kapital*, die *Kasse* und die *Zeche*. Ich lasse Sie selbst darüber entscheiden. Wie über den *Humidor*, das sehr alte *amaris*, die zweifelhafte *vagina dentata* und die nicht minder gefährlichen *Schnapperlippen*.

Noch ein Wort: Früher sagte man das *Gelaß* oder die *Nonne*. Das klingt sehr nach 18. Jahrhundert mit einem Hauch von Frauenkloster. Im Gegensatz dazu klingen *Bixn*, *Kleschn* und *Dotsch* eher derb und nach Gaunersprache. Um das Maß voll zu machen, folgen *Krapfen*, *Schleimbeutel*, *Muschel*, *Korb* (davon kann man sich auch einen holen), *Pelz*, der im Winter wärmen kann, und – bereits in meinem ersten Brief erwähnt – *Tunnel*, der *Liebestunnel* und das *Kabinett*, das *Bibsi*, das *Vestibül*, der *Friedenskorridor*, das *Tutu* und schließlich *Gageritz*.

Beinahe hätte ich *Funzel* und *Fusel* vergessen, Verkleinerungsformen der Wiege der Menschheit. Alpinisten sagen die große *Gletscherspalte*, Pioniere die *Festung*. Der Pflüger sagt die *Ackerfurche*. Literaten sagen *Rot und Schwarz* und Filmliebhaber *Wege zum Ruhm*. Höhlenforscher schwärmen von der *Dachsteinhöhle* oder von einer *Primärhöhle*. Für den Händler ist es der *Laden*. Für den Mechaniker die *Maschine*. Für den Einbrecher die *Einstiegsluke* oder auch der *Kamin* (»So ein Kamin dürfte aber gut ziehen«, hörte ich einen sagen, als eine großgewachsene Frau vorüberging). Für die Erfrorenen empfehle ich die *Wärmehaube*. Für den Alchimisten den *Schmelztiegel*, für den Setzer den *Fisch* oder die *Gasse*. Für den Bibelbruder das *Gelobte*

Land. Im Buch *Die Unbefleckte Empfängnis* nennen es Paul Eluard und André Breton das *Fenster* – offen wie geschlossen.

Für Sie vielleicht unverwendbar und von einer splitternackten Schlichtheit, haben wir *das, das da, dies* und *jenes.* Sie hängen alle vom Kontext ab.

Unter den Barockdichtern findet man die *zarte Mitte* und die *dunkle Statt,* beide haben wir dem Herrn Pierre Motin zu verdanken. Der Herr Etienne Jodelle nannte es frech einen *Gliederstall* (ist es in dem Fall nicht besser, der Stall zu sein als das Rindviech?) und La Valletterie nannte es *das da unten.* Rabelais erwähnte sogar das *Schloß zum Fortbestand* und das berühmte *Wie heißt es noch.*

Der *Artikel* und der *Mörser* kommen aus Japan sowie die *Mauer,* die *geheime Pforte,* das *Loch der tausend Wunder* und die *Klaffende.*

Man spricht häufig auch vom *Mieder* und dem *Heizofen* (seiner natürlichen Wärme wegen). In der Kirchensprache (schon wieder) spricht man praktisch ausschließlich vom *Gefäß*, wie bereits erwähnt, oder sogar das *irdene Gefäß*. Ein in den Schriften des Jesuiten Thomas Sanchez gern wiederkehrendes Wort. Er wurde im 16. Jahrhundert beauftragt, ein gewaltiges Werk für die Beichtväter zu verfassen, in dem alle möglichen Fleischessünden – und die jeweiligen Züchtigungen – aufgelistet und systematisch erfaßt werden sollten.

Stellen Sie sich die Pein des armen Mannes vor. Es heißt, er soll weder Pfeffer noch Gewürze gegessen haben und daß er sein Leben auf zwei Marmorbänken, diesem kalten Stein, verbrachte. Sobald die eine heiß wurde, setzte er sich auf die andere. Außerdem hielt er seine Füße ununterbrochen zehn Zentimeter über dem Boden, um die ihn ständig quälenden Versuchungen zu bekämpfen.

Ich hab's ausprobiert. Umsonst.

Das Meisterwerk des guten Sanchez, das sich in meinem Besitz befindet, heißt *De sancto matrimonii sacramento*. Über dieses Werk kann mit Fug und Recht behauptet werden, daß es über den Mittelsweg der Beichtväter das Sexualleben des Okzidents während drei Jahrhunderten entscheidend bestimmt hat.*

Zurück zu unseren Recherchen.

Da ich schon den *Geißbart* erwähnte, muß ich auch den *Spitzbart* erwähnen. Ich füge das *Saug-*

* Ich möchte noch hinzufügen – da Sanchez auch Widerstreiter hatte: *Über die Sünden* vom großen Scholastiker Billuart, einem französischen Jesuiten aus dem 18. Jahrhundert, und die hervorragende *Theologie der Liebe der Völker des Okzidents*, verfaßt im 19. Jahrhundert von einem ehemaligen Chorherren. Selbstverständlich bin ich im Besitz dieser Werke, und ich kann sie Ihnen zukommen lassen so wie das sehr berühmte *Handbuch der Beichte* von Seiner Exzellenz Bouvier, ein Meisterwerk kirchlicher Obszönitäten.

loch hinzu und die *Tabakdose* (für eine gute Prise). In der Operette *Le Comte Obligado* bettete die Tochter des Beduinen ihre Bananen in *ihr kleines Körbchen*. Sie war ein sehr ordentliches Mädchen.

Da wir uns gerade in den heißen Ländern befinden, erwähne ich gleich die *amcık*, Direktimport aus der Türkei. Amin Maalouf schreibt *die kleine Schwester* in *»Leo Africanus«*, ein alter marokkanische Ausdruck.

Sehr französisch hingegen ist *la foufoune* und *le foufounet*. Sie kommen beide aus dem Land der Froufrous (»Ja, wir sind es, die Grisetten von Pariser Kabaretten! Lolo! Dodo! Joujou, Froufrou! Cloclo! Margot! Et moi!«).

Ein weiteres altes Wort, das mir oft unterkommt, ist *mein Fall*. Das wurde übrigens gelegentlich auch für Männer verwendet. Ich ergänze noch mit der *Heugabel* (zugegeben sehr ländlich, genauso wie das

Salbeiblatt und der *Mandelpilz*) und schließlich *die Röhre, das Körbchen, das Kellerloch, der Fuchsbau* und *das Gebüsch*, ein gut getroffener Vergleich.

Das *Thermometer*, das unsere Leidenschaft mißt, und das *Kloster*, das sie kaum zu stillen vermag. Für die Siesta eignet sich die *Mulde, um sich Gutes zu tun*, ein Geschenk von Béroalde de Verville.

Ich biete Ihnen noch die *Lappen* und die *Kerbe*. In einer Bar in Paris im neunten Arrondissement habe ich eines schönen Abends von der *Schlucht des Vergnügens* reden gehört, wo man leicht abstürzen kann. Baudelaire verdanken wir, wie Sie wissen, *ein Juwel, das schwarz und rosig glüht*.

Und schließlich Bertrand Blier, er hat 1998 in seinem Buch *Der Dessousverkäufer. Bekenntnisse eines Mörders* die Wörter *Gemüsegarten* und die *süße Traube* geprägt. Möge er noch lange kreativ bleiben.

Manchmal frage ich mich, ob Sprachen nicht wie Völker sind. Sie wandern und sie vermischen sich. In unserer bereits so reichen Sprache finden Gast- und Fremdwörter großen Anklang, manchmal als U-Boote. Mir scheint sogar, je reicher eine Sprache, desto gastfreundlicher ist sie. Und die Völker?

An dieser Stelle muß ich schließen, liebes Fräulein, denn wir könnten in unser Verzeichnis des weiblichen Geschlechts die ganze Naturgeschichte und Erdkunde mit einbeziehen. Es gibt einen Sex-Pantheismus. Alles ist Sex, und Sex ist alles. Jede Blume, jede Frucht erinnert uns daran, jede Quelle, jeder Weg und jedes Schloß. In einem herrlichen Lied der Comedian Harmonists aus den dreißiger Jahren heißt es: »Die Juliska, die Juliska aus Buda-Budapest, die hat ein Herz voll Paprika, das kein' in Ruhe läßt!« Kennen Sie es? Und die »Blume von Hawaii«? Wird sie noch besungen?

Jetzt aber wirklich. Dieser Brief hat mich ermüdet und, ich denke, aufgewühlt. Bevor ich die männlichen Geschlechtsorgane angehe, muß ich wieder zu Kräften kommen. Sagen Sie mir, ob mein Brief Sie *zufriedengestellt* hat und ob ich weitermachen soll.

Ich werde versuchen, ein wenig zu schlafen.

Ganz der Ihre.

Paris, am 20. September

NACHTRAG

Schnell! Schnell! Ich bin mitten in der Nacht aufgewacht. Im Schlaf oder im Halbschlaf sind mir diese paar Worte wieder eingefallen. Habe ich den *Koffer* schon erwähnt? Ich glaube nicht. Aber Sie dürfen ihn nicht aufgeben. Mir sind auch das *Kaliber*, die *Auster*, der *Liebesring*, die *Schüssel* und *das Tor des Lebens* (»Oh, mein Herr, ich sterbe …«) eingefallen.

In einem Manuskript, das ich lesen durfte, listete Pierre Louÿs Adjektive zum Wort *Möse* auf. Er hat zweiundsechzig davon gefunden. Eine Menge davon kommt von Ronsard: *stachelpelzige*, *kräuselpelzige*, *gezierte* Möse, *erdbeerrot* für die Spalte. Von anderen Autoren stammen *delikat*, *schaberisch*, *folastrisch*, *wulstig*, *schreckhaft* und *eng*.

Aber von Adjektiven rate ich Ihnen ab. Sie sind wie Geschwüre. Sie warten nur darauf, sich auszubreiten, und wir müssen ihnen Einhalt gebieten. Übrigens, wo könnten Sie sie einfließen lassen?

Bleiben wir bei den Namen, die machen uns auch so schon genug Arbeit.

Bei einem unbekannten Schreiberling vom Anfang des 18. Jahrhunderts findet man die *Wiege des Papstes*, weil auch er da durchgekommen ist, zumindest einmal in seinem Leben. Und ist es auch für ihn der *Weg zum Paradies*? Zumindest für die anderen.

Ich habe Ihnen das *Juwel* geschenkt, aber das *Geschmeide*, das man auch für Männer anwendet, ist mir entgangen. Oh, wie weit das Wissen geht! So eng geknüpft das Netz auch sein mag, es entwischen immer ein paar schöne Fische durch die Maschen. So die *Bärenfellmütze*, der *tiefe Mund*, der *Buckel*, den ich reizend finde. Und es bringt Glück, ihn zu streicheln. Und *das Löschhorn unseres Begehrens.* Und dann schlicht der *Ort des Geschehens.*

Mit Absicht habe ich Ihnen *Vulva* und *Vagina* vorenthalten, sie sind zu anatomisch, noch habe ich Ihnen für die Klitoris *Kitzler, Lustknöpfchen, Saubohne, Dattelkern, Blaszünglein, Fruchtknoten* oder *Liebesperle* genannt. Für diese Körperstelle, die man als wesentlich bezeichnet, mag ich eher die *schwingende Saite* und *Kompaßnadel*, unentbehrlich in den Verirrungen. Außerdem merken Sie sich bitte *des Pudels Kern* und der *Vorderbau*, und ein Wort, das ich gerne mag, ist die *Präposition*, auf deutsch ein Verhältniswort. Ich erwähne noch das Wort *Kunne* und überlasse es den mutigen Etymologen, den Ursprung herauszufinden.

Ich erinnere mich auch, daß diese Wiege in jenen unsicheren Gefilden, wo sich alles verwandelt, nach einem Vogelnamen benannt wurde. Und zwar *die Taube der Venus*, wobei einige unautorisierte Künstler sie als Zugtier des Venuswagens dargestellt haben. Womit bewiesen ist, daß Katzen manchmal fliegen können.

Pierre Guiraud zitiert in seinem *Erotischen Wörterbuch* das *was auch immer*, das er sicher wo auch immer gefunden hat. Dieser Gelehrte schlägt ebenfalls die *Seerose*, die *Mandoline*, die *Schwanzklemme*, das *Portefeuille mit Schnurrbart* vor. Warum der *Kalender*? Vielleicht weil es sich um einen Zeitvertreib handelt? Das *Reich der Mitte* ist souverän. Diese Dynastie darf nie erlöschen. Aber die *Kapelle,* ist sie noch geweiht? Bietet sie noch einen *Altar der Wollust*?

Zum Schluß ziehe ich den *Hut* vor Ihnen. Weil das auch ein Wort ist, Ihre Natur zu bezeichnen. Warum? Na, weil ein Glatzkopf sich damit bedeckt.

Und eine letzte schöne Besonderheit. Sie ist mir entgangen, weil sie mir wahrscheinlich zu nahe steht: *Das Buch, das man mit den Knien blättert.* Ein Klassiker, der nie an Aktualität verliert.

Leben Sie wohl. Ich schlafe mitten in meinen Notizen. Sie liegen überall herum.

Antworten Sie mir!

Paris, am 26. September

Meine Liebe,

Sie wünschen, daß wir weitermachen, also tun wir das auch.

Heute packen wir, wie versprochen, das männliche Organ an, und ich muß Sie vorweg warnen, daß das Vokabular in dieser speziellen Domäne immer größer, immer länger wird, sogar ins Unermeßliche wächst. Männer sind fixiert auf ihr bestes Stück, Ihnen brauche ich das ja nicht zu sagen. Sie haben es in allen Tonarten besungen, es auffallend oft mit Lorbeeren geschmückt. Und sie schreiben ihm alle möglichen Namen zu. Neuerlich in einem ziemlich miserablen Film habe ich sogar *die Sackpfeife* gehört! Warum nicht das *Rennpferd* oder der *Liebstöckel*?

Gründlichkeit ist angesagt, hier wie anderswo.

Zunächst, Ehre der Wissenschaft. Hier spricht man primär von *Phallus*, *Penis* und *Genitalien*. Ich würde noch die *Eichel* hinzufügen, hüten Sie sich allerdings davor, das Teil fürs Ganze zu nehmen.

Alte Wörter sind *der Lebensspender*, *der Stachel*, *der Dorn*, *die Armbrust* und *das Bajonett*. *Der Bogen* für den göttlichen Marquis und manchmal *der Kriegsbogen*. Ich ergänze mit dem *Quidam*, das man sowohl zum Mann als auch zur Frau sagt. Besser gesagt: sagte. In beliebiger Reihenfolge auch *das Ding*, *der Schwanz*, *der Schweif**, *das Ding mit Pfiff*, *das Dingsda*, *die Genußwurzel*, *das Ende*, *der Kräftige*, *der Durchdringende*, *der Schwingende*, *der Mast*, für die Matrosen, sogar *der Großmast* oder

* »Es ist der schönste Schweif, den man überhaupt zu Gesicht bekommen kann«, schreibt Madame de Sévigné, allerdings sprach sie von einem Kometen.

auch *der Festmast*, *das Plätzchen*, *das einzig Senkrechte*, *der Hahn*, *der Schaft*, *der Schlegel*, *die Jungfernkeule* oder ganz einfach *der Harte* oder *der Steife* (»Soll ich dir einen verpassen?«) und *der Stachelstock*, ganz nützlich für den Pflüger.

Was für Wörter könnten Sie noch brauchen? *Der Knoten*, selbstverständlich, der ans Einfädeln erinnert (womit wir wieder bei der Schneiderin sind), *das Organ*, ein sehr allgemeiner und ein wenig offiziöser Ausdruck: »Er hat ein sehr schönes Organ«, würde man eher von einem Sänger sagen, und wie man in gewissen Kreisen hört *der Freund Hugo, das Instrument*, *das Gerät* und *das Werkzeug*, hier liegt die Betonung auf Nützlichkeit, *die Kerze* vor allem für die Firmung, *das Entlüftungsventil* für den LKW-Fahrer, *die Funzel* für den Schlafwandler, in großen Häusern kann sie bis zu einem *Kerzenleuchter* anwachsen, *die Vergaserdüse* und *der Ausgießer* passen vor allem für Mechaniker, *die Hippe* und *die Gartenkralle* – weitere Werkzeuge, sowie *Lolas Lolly* oder *der Stab des Zacharias.* Generell kann alles, was einem Stab irgendwie ähnlich sieht, nützlich sein. So auch *der Knüppel* (»So sprach er: Knüppel aus dem Sack«) oder auch *der Knüttel*, die beide an Züchtigung denken lassen. Ein schönes Wort, das von Seefahrern stammt, ist *die Flunke.* Für Vorsichtige und Ärzte: *der Tupfer*, *das Operationsbesteck* würde auch das Zubehör mit einschließen. Für Dürregebiete, *die Bewässerungsanlage.* Gegen den Staub: *der Wedel.* Für die Traurigen: *der Freudenspender*.

Aus dem Reich der Pflanzen, *der Stengel* und sehr naheliegend *die Eichel.* Banal und geläufig ist *das Glied* und *das männliche Glied.* Erlauben Sie mir noch zu ergänzen: *Pimperl* oder *Pimperle*, der *Schnidel, Zobb* (sehr orientalisch und gerade darum geschätzt), *Zipfel* und noch niedlicher *Zipfelchen*, *die dicke* oder *die kleine Portion*, *der Lümmel*,

der Bindestrich, ohne zu vergessen *der Hahn für Ohne-Durst-Trinker*, *der Hydrant des Feuerwehrmannes* und auch *der Hebel Moses* (vielleicht in Anspielung auf die Teilung des Meeres?). Apropos *Zobb*, manchmal habe ich auch *Zobi* gehört. In Frankreich sagt man *zizi*, in den siebziger Jahren durch ein Lied in aller Munde. *Die Zauberflöte* und *des Knaben Wunderhorn* sind schon länger bekannt. Im Falle der Dienstverweigerung nennen wir ihn den *Schmollenden*, im gegenteiligen Fall *das Kanonenrohr*.

So wie wir es bei den Damen gemacht haben, begeben wir uns jetzt auf einen Spaziergang auf dem Lande, wo wir, wie Sie sich vorstellen können, eine große Auswahl an Gemüse haben, *die Rübe*, *die Karotte*, *der Rettich*, *die Schwarzwurzel*. Möge sich jeder je nach Form und Farbe entscheiden. Gourmets werden den *Spargel* vorziehen, vor allem den *Spargel im Speckmantel*, sowie den *Riegel* und die

Zuckerstange. Die *Zucchini* wird ein bißchen weich sein. Sie endet oft im Ratatouille. Der *Lauch* ist sehr begehrt, auch wenn er einen weißen Kopf hat. Man sollte ihn auf jeden Fall der *Fadennudel zwischen zwei Olivenkernen* vorziehen, die geben ein wahres Bild der Traurigkeit ab.

In den Tropen haben wir es mit dem *Zuckerrohr* zu tun. In der Stadt Augsburg mit dem *Kasper.*

Für die Schäfer haben wir den *Hirtenstab,* für die Landwirte den *Hackenstiel,* außer wenn sie, wie ich, das *Kraut-das-in-der-Hand-wächst* bevorzugen. Für den Holzhacker *die Axt,* und für die Naturburschen *der Pflug* oder *die Pflugschar,* immer ein Auge auf *die Furche.*

Eine saftige Frucht, *die Herzkirsche,* und selbstverständlich *die schöne Banane.* Im Reich der Vögel haben wir eine richtige Auswahl und zwar vom

Papagei über den *Catulli Spatz* bis zur *Nachtigall.* Andere Tiere sind auch mit von der Partie, *das Eichhörnchen* (es klettert hoch und höher), *der Schwertfisch*, sogar *der Gründling* und *die Made*; und manchmal leider *die Nacktschnecke*.

In einem Roman von Calixte Beyala, der in Kamerun spielt, habe ich *die Krake* gefunden. Sie streckt ihre Tentakel aus. Offensichtlich befinden wir uns in einem Land der Polygamie.

Mit der Macht der Waffen haben sich Männer Glanz und Gloria gegeben. Neben dem *Säbel* und der *Lanze* hier nun *der Pflock*, *der Spieß*, *die Pike*, *das Schlitzmesser*, *der Dolch*, allesamt scharfe Sachen, die im Namen der *Liebesstandarte* geführt werden. *Die Hellebarde* wird im Vatikan getragen, und nur dort, und auch nur für Repräsentationszwecke. Im Privaten verwenden die Schweizergardisten sicher andere Wörter. Wir haben auch den *Wachtposten* auf der Schildwache, *die Brechstange*, *den kleinen Stachel* oder *den kleinen Dorn*, *die Pistole*, *die Dynamitstange* (die eine wahre Explosion verspricht) und, wie ich schon sagte, alle Stäbe der Welt, *den Bischofsstab* (er hütet und züchtigt damit seine Herde), *den Marschallstab* und *den Generalstab*, *den Stab mit einem Ende*, der einzige seiner Art, *den Dirigentenstab* (der den Rhythmus angibt), *den Stab-der-verrückt-macht* und *den Besenstiel* zum Kehren (oder einmal tüchtig Durchfegen).

Einfacher und vielleicht aussagekräftiger ist *die Waffe*. Wenn man ihr nicht widerstehen kann, kann man sogar *die verhängnisvolle Waffe* sagen.

Unter den Kuriositäten, die Sie, wie Sie sagen, besonders reizen, haben wir *die Silberkaraffe* und *die geknotete Kordel des heiligen Franziskus*. Der bereits erwähnte *El Mansour* ist arabisch, *der Mohika-*

ner amerikanisch. Unter den Musikinstrumenten empfehle ich Ihnen *die Flöte mit einem Loch*, *das Fagott*, *den Dudelsack*, *die Klarinette mit Schnurrbart*, auch genannt *die sabbernde Klarinette*.

Wenn er sich mit Pauken und Trompeten präsentiert und dann enttäuscht, ist er eine *leere Pfeife*. Wenn er hingegen hitzig bleibt, ist er *das glühende Eisen*.

Was denken Sie von der *Injektionsnadel*, der *Krükke von Pater Barbara*, dem *Fliegenwedel*, dem *Mannesrecht* (manchmal gebeugt) und dem wunderbaren *Seelenventil*? Und *die Mitgift*? Und *der Stoppelreiter*?

Finden Sie es nicht auch wunderlich, daß dieser Körperteil des Mannes oft den Namen von realen Menschen bekommen hat? Man nannte ihn *Mohammed* (in Anspielung auf das *Minarett* vielleicht), aber auch *Jean Chouart* bei Rabelais und *John Thursday*, *Peter Lenz* und *Bruder Jakob*. *Der kleine Heinz*, natürlich, und *Hans*, *Fritz*, *Franz*, *Johannes*, *Wenzel* und *Karl der Kahle*, und wahrscheinlich viele andere mehr. Ich habe einmal sogar *General Eisenhauer* gehört.

Wörter sind wie gute Weine. Man kann sie auf verschiedene Weise verkosten, direkt aus der Flasche oder wie auf einer Degustation. Mit dem *kleinen Seiltänzer*, dem *Zwergpudel*, dem *Muschikitzler* stillt man den ersten Durst. Mit der *Dauerwurst*, dem *Liebesknochen* und dem *Gustostück* wird es ernst. *Die schwingende Saite* hat eine gewisse Eleganz*, *die Pfeife* verströmt Autorität und *die Säule* Ruhm. *Der Galgen* beunruhigt mich und *der Richtblock* läßt mich schuldig füh-

* *Die schwingende Saite* kann auch die Klitoris bezeichnen, wie wir wissen. Es ist nur eine Frage der Proportionen.

len. Wenn es unbedingt sein muß, trinke ich mit einem *Strohhalm*. Ich meide *die Wasserleitung*, den *Schlauch* und den *Hampelmann*, ich werfe begehrliche Blicke auf *die Salami* und *die Weißwurst*. Jeder nach seinem Geschmack. Der aus meiner Heimat hat mich noch nie enttäuscht. Ich mag Geschmack, der nach was schmeckt. *Der Zitteraal* gefällt mir, auch wenn ihn einige als vulgär empfinden. *Der Flachmann* zieht mich an, so wie mich *der Taucheranzug* belustigt, die das gräßliche Präservativ bezeichnet. Auf den ersten Blick beeindruckt mich *der Eierschläger*; ein bißchen weniger allerdings, wenn ich darüber nachdenke. *Der kleine Prinz*, der seine Vulkane jeden Tag kehrt, spricht mich an. *Der Pinienkern* sowie *der Stöpsel* und *die Röhre* langweilen mich. An der *Krakauer mit Rollkragen*, dem *Mönch*, der *Keule ohne Knochen*, dem *Damenstift*, der *Fellflasche* und dem *geborenen Marketender* hingegen delektiere ich mich.

Auf *die Pißkanone* kann ich gern verzichten. Sie bringt uns vom Thema ab. Ich kann auch auf den *Kappzaum*, *das Zündholz* und *das Geschäft*, das nicht immer gut läuft, verzichten. Wenn ich *mentula* erwähne, handelt es sich um reine Pedanterie, dieses Wort kommt direkt aus dem Lateinischen. *Der Stramme* ärgert mich, *der Stumpf* stößt mich ab, und *der Nußknacker* ist mir nur rätselhaft. *Der Weihwasserwedel* amüsiert mich eine gewisse Zeit, aber es fehlt ihm an Privatleben. Fürs *Zipferl* und *das Lümmelchen* bin ich zu alt. Und ich kann mich nur mit Mühe an *Dingdong* und *Bimbam* gewöhnen.

Vor *Seiner Exzellenz* und vor dem *Pontifex maximus* verneige ich mich zutiefst. Ich weiß, daß sie die Sakramente austeilen. Vor dem *Zepter* verbeuge ich mich, so wie übrigens vor dem *Unter-Präfekt*. Vor dem *Doktor* lege ich mich hin.*

Ich vermag nicht zu sagen, woher *die Reliquie* stammt, allerdings findet man davon überall welche. Kommt es vielleicht daher, daß man sie mit Andacht küßt und dann mit einem kleinen Tuch abreibt? Woher soll man das wissen? Und *der Schmock*? Und *Quasimodo*?

Ein weiteres Rätsel: *die Notarkrawatte.* Aus welcher Kanzlei stammt die wohl? Es handle sich dabei darum, hat mir jemand verraten, sein Geschlecht zwischen zwei Frauenbrüsten zu reiben. Notare hatten wohl Ammen.

Die Spindel, das Schiffchen und *der Spinnrocken* lassen hingegen keine Fragen offen. Dabei handelt

* Apropos Doktor: Die beängstigenden Krankheiten unserer Zeit fordern Schutzmaßnahmen, wenn man seine Abenteuer in fremden Jagdgebieten sucht. Das war nicht immer der Fall. Einst war es sogar eine Beleidigung. Es gab einmal ein Freudenmädchen in den zwanziger Jahren, das sich über einen »behüteten« Freier empörte: »Denkst du vielleicht, meine Fotze sei ein Maskenball?«

es sich um ein rustikales Hin und Her. *Die Latte* ist klar. Sie stammt aus der Familie der Stäbe, wie auch *die Gerte,* die peitschen kann. *Das Kaliber* ist bedrohlich. *Die Nadel* ist dünn, aber spitz. *Die Geige* läßt tanzen, und *die Freudenschleuder* ist, was sie ist. *Der Docht* entflammt, genau so wie *die Lunte*, *der Pilz* sprießt schnell in die Höhe, *die Reihe* ist ein Wort aus dem Bingo. Sie bezeichnet eine volle Gerade. *Der Kerzenständer* kann zum Glänzen bringen, und *der Milchmann* bedarf keiner Erklärung. *Der Glockenschwengel* paßt meiner Meinung nach nur zu einem Glöckner. *Die Sonnenuhr* funktioniert nur an schönen Tagen, sonst sieht man nicht viel, und niemand schaut hin. *Die Benediktiner Bratwurst* spielt auf den Ruf der Mönche an, die angeblich vom Verlangen besessen sind. Ich meine aber zu wissen, daß eher das Gegenteil stimmt, daß nämlich das sexuelle Verlangen mit der Enthaltsamkeit abnimmt. Der heilige Augustinus hat das schon lange vor mir gesagt. Wenn man versucht, es zu stillen, schürt man es nur. Was übrigens nicht unangenehm ist. Hier *der Zuckerhut*, ein Luxus, den sich auch arme Leute leisten können. Da *die Tröte*, die lustig ist, und *der Kokette*, der sich manchmal schminken und sich Locken machen läßt. *Der Freund* ist ziemlich banal, *das Fleisch* ist vage (»Das Fleisch ist müde ach! die Bücher sind gelesen«), *das Dings* kann alles sein (der Beweis: es dient auch für das andere Geschlecht).

Noch ungenauer: *die Geschichte*.

Trauen wir uns weiter? Ich habe für Sie ein paar erfundene Wörter zusammengetragen. Kaum zu glauben. Die Liste der Wörter erscheint bereits endlos, und dennoch prägen die Literaten unaufhörlich neue. Das geht von *Callybistris* (für beide Geschlechter) bei Rabelais bis *Tirliberly* von Grécourt, vom *Unaussprechlichen* bei Wedekind bis zur *verkorksten Bretzel* und *Verbi gratia* von Aretino, dem *mistigouri*, dem *tologuini*, dem *turlututu*, dem *calze*, der uns aus Italien geschickt wurde, bis zum *Rubincabochon*. Auf die knappste Formel bringt es Casanova: »Das ist *das Verbum*.« Dank an Alfred de Musset, der *das Ruder* gefunden hat (mit dem man zu beiden Ufern steuern kann).

Der Nagel, der Nerv, der Arm, der Finger sind klar und deutlich. Man kann noch mit dem *elften Finger* präzisieren oder, noch genauer beobachtet, *dem Finger, der keinen Nagel hat. Die Produktionsstätte* und *die Ausstattung* sind beschreibend so wie *der Bauchladen, der Apparat* und *das Café zu den zwei Säulen*. Man spricht oft von einer *zentral gelegenen Dreizimmerwohnung nach vorne raus*, noch dazu *topausgestattet für gehobene Ansprüche* und man stellt auch *die Genußwaren* aus. All diese Ausdrükke beschreiben, wie Sie bemerkt haben, das Ganze, so wie *die Armatur* und *die Garnitur*. Ich notiere auch *die Ausrüstung* und für die Infanteristen *das*

Sturmgepäck. Wenn es unerträglich schwer wird, wird es zum *Krempel.* Man kann noch *das Packet* hinzufügen, den *kleinen Winkel, den heiligen Lumpus, die Gegend* und ein Wort, das extra gebildet wurde und das mir nicht gefällt, *das Brunzzeug.*

In einem in London verfaßten Brief aus dem Jahr 1872 spricht Verlaine von *der Schildkröte* und fügt sogar noch eine Zeichnung hinzu. Suchte er etwa einen Hasen? An einer anderen Stelle spricht er von *der Klause,* wahrscheinlich an einem Tag des Überdrusses.

Ein gut ausgestatteter Mann sollte nicht zögern, seinen *Schlaghammer* zu zeigen, seinen *Zylinder* oder seinen *Liebesbarren.* Dafür sollte er es meiden, seinen *Zwergdackel* oder seinen *Gartenzwerg* zu zeigen, die ein zu klein geratenes Organ bezeichnen und nicht dazu angetan sind, dem Auge zu schmeicheln, sowie *die Pfeife, der Strohhalm, die Grille, der*

Sporn und *der Waschlappen.* Diese Wörter sollte man in der Schule der Bescheidenheit lehren, sowie *der kleine Bruder, das Schamgesicht, der Zündschlüssel, der Flaue, das Rehleder, der Jammerlappen.* Männer, die so einen haben, nennt man einen *Schlappier*, einen *Mezzofortisten*, einen *laschen Bock*, einen *Halbsäckel* oder *Ritter von der traurigen Gestalt.*

Diesen abfälligen Bezeichnungen füge ich *die Fritte*, den *Bartwisch* und den *Beistrich* hinzu. Man kann auch sagen, *die Kleinigkeit* und *der kleine Mann.* Und im 19. Jahrhundert, *die Maus*, die sich wahrscheinlich vor der Katze fürchtete. Wenn man nicht genau sieht, worum es sich handelt, und wenn die Umrisse undeutlich bleiben, empfehle ich Ihnen *Dingsbums.*

Kein Grund, sich dafür zu schämen. Sulpicius überliefert uns, daß die edelsten Teile des heiligen Martin sehr klein waren, obwohl er sonst einer der großzügigsten Menschen war. Nach seinem Tod stellte man fest, daß sein Glied die Größe eines Kinderlümmels nicht übertraf.

Für einen sehr unerfahrenen jungen Mann würde man sagen, seine *Sardelle* muß noch mit allen Wassern gewaschen werden.

Wenn die Dimensionen allerdings Respekt, gar Furcht, einflößen, spricht man von einem *Knüppel*, einer *Kanone*, einem *Rammbock* oder einem *Ding wie von einem Esel*. Man darf die *Geißel* nicht vergessen, die man *Attila* taufen kann, wenn man auf rohes Fleisch steht. *Der Wüterich* sollte man in feiner Gesellschaft eher meiden. Es klingt angeberisch.

In diesem Zusammenhang scheint mir *was sich steigern läßt* ein schöner Ausdruck. Nicht zu vergessen *der alte Adam*, das erste der Geschlechter, von dem wir alle abstammen.

Die Doppelbüchse ist was für Bequeme. So eine einfache Waffe hat den Vorteil, verläßlich und handlich zu sein. Was nicht für alle Mehrlader der Fall ist.

Leser von Emile Zola verwenden *die Bestie* und *das Paradies der Damen*. Cyrano nennt sein Organ pedantisch *das aristophanische Tier Hippokampelephantokamelus*. Wenn einer versucht, komisch zu sein, und schon mal auf Bali war, nennt er ihn *Kris*. Warum? Weil sich der Kris wetzen läßt.

Will man die unerläßliche Erhaltung der Spezies unterstreichen, kann man vom *Begatter* oder vom *großen Sämann* reden. Mag man einen literarischen Ton, sagt man *der Biedermann* oder *der Brandstifter*. Technokraten von heute mögen sicher *der Leistungsfähige*.

Die Zigarre mit Schnurrbart hat etwas Viriles. *Der Kandelaber* glänzt nur, wenn man ihn sich oft polieren läßt. Die Japaner haben die *Brosche*, den *Kegel*, die *Brandfackel*, den *Pflüger*, den *Wunderschaft* und den *heimlichen Stengel*. Sie haben den *Drescher*, die *Mannswurzel* und die *Mitte*. Ich kannte einen Mann, der ihn vor Enttäuschung über seinen aufhaltsamen Aufstieg *Arturo Ui* nannte.

Nur zur Erinnerung erwähne ich die berühmte Stelle aus *Gargantua*, wo die Kinderfrauen mit dem Inhalt seines Hosenlatzes spielen. Sie nennen ihn unter anderem *mein kleiner Zapfen*, *mein Korallenstengel*, *mein Schwengel*, *mein Stöpsel*, *mein Bohrer*, *mein Stehaufmännchen* und *meine kleine rote Wurst*. Das ist ein Spiel ohne Ende. Fürs ganze Leben.

Einmal hörte ich eine Frau über ihren Mann sagen: *Er ist nicht ungeschickt mit seinem dritten Fuß*. Und sie präzisiert: *Sein Zeiger steht immer auf zwölf Uhr*. Früher sagte man auch – sagt man es heute noch? – *der Bengel*, daher der Ausdruck: *Schau, jetzt hast du den Bengel zum Weinen gebracht*. Und schließlich – wie könnte ich's verschweigen – *das Tierchen* (das wächst und wächst), ein liebenswerter Regionalismus aus Mainz ist *de Bibbes*, ein weit verbreiteter Ausdruck ist *der Bogen*, oft verwendet wie folgt: *Mein Bogen ist immer aufs äußerste gespannt*. In Paris habe ich einmal gehört: *Der Spion zwischen zwei Fronten*. Dem haftet ein Hauch von Dramatik an. Man wartet direkt auf den Verräter.

Da wir gerade von Heldentaten reden, ein kleiner Exkurs. Ich habe eine Abneigung gegen Soldatenlieder, die töricht und vor allem erlogen sind. Darin werden Liebhaber besungen, die ein unerschöpfliches Repertoire haben. Wir wissen schließlich genau, daß man den guten Jäger nicht an der Zahl seiner Abschüsse mißt. Aber wenn wir schon nach Vokabular suchen, dann zitiere ich trotzdem *er ist nicht auf seine Eier gefallen* (die Eier oder etwas anderes) und *das handgeladene Repetiergewehr*. Auf demselben Niveau, wenn man hier von Niveau überhaupt reden kann, können wir von einem geschickten Taschenspieler oder einem Illusionisten annehmen, daß er mit seinem *Zauberstab* manches aus seinem Hasen-, Pardon, Hosenstall zaubern kann.

Ich hörte über einen meiner Nachbarn sagen, der als unermüdlich galt: *Dem müßte man eine Unterhose aus Blei verpassen*. Oder auch: *Er schläft immer nur auf einem Hoden*, sowie *er hat einen Kleiderbügel in der Hose*.

Man nennt manche, die nie genug kriegen können, *Schürzenjäger* und *Nimmersatt*.

Man sagt auch, *der Zeiger steht auf Mittag*, und im Hafenviertel von Concarneau in der Bretagne, *die Bake steht fest*, was heißt, daß die Boje gut verankert ist.

Schließen wir diese Klammer und kehren wir zu unserem Thema zurück.

Wenn wir vom Dübeln gesprochen haben, dann darf man den *Zapfen* nicht vergessen. Es soll Architekten geben, welche *die Liebessäule* errichten. Jene, die nicht ohne Fetisch leben können, werden *das Totem* sagen. Die Fünfuhrfrau sagt: *der Besucher*. Was halten Sie von *das Muskelpaket* für die Athleten? Für die Reisenden, *der Koffer mit Rädern*, der leicht zu schieben ist.

Bei den Barockdichtern finden wir oft den *Stößel* (und seine Ergänzung, den *Mörser*, den ich bereits genannt habe), *der Leuchtturm*, der den Sturm kennt, *der Kegel*, *die galante Gurke* und bei Schiller *die Glocke* (»Fest gemauert in der Erden steht die Form aus Lehm gebrannt. Heute muß die Glocke werden! Frisch, Gesellen, seid zur Hand!« ... könnte man ja auch mißverstehen.)

Bei den Schustern sagte man *Pfriem* und *Ahle* (sagt man es heute noch?). Bei den Tischlern hört man noch *die Bohrwinde* und bei den Mechanikern *die Kurbelwelle.* Einst sagte man *Ger, Partisane* und *Bajonett.* Im 18. Jahrhundert sagte man *Weihwedel* und *Pater omnipotens.* Seit jeher nennt man ihn *Priap.* Ich habe auch gelesen: *ein schönes Stück Christenfleisch* (Vorsicht vor den Löwen bei den zirzensischen Spielen).

Der Hebel ist sehr ehrgeizig. »Gebt mir einen Hebel, dann kann ich die Welt mit einer Hand bewegen«, sagte Archimedes. Die Welt oder die Halbwelt. *Der Knosperich, der kleine Trieb* sind bescheidener und duften nach Lenz. Unter den Tiernamen erwähne ich noch den *Salamander* (auch Schwanzlurch genannt), der ein wenig zu Müßiggang neigt. Was *das Flammenschwert* betrifft, so hat es etwas von Wagnis und Eroberung. Es schneidet rauschend den Wind.

Ich sollte auch den *kleinen Mann* erwähnen, *die treibende Kraft*, *die Waffe zur Wiederbevölkerung des Landes* und, um Pascal die Ehre zu erweisen, *das deckende Schilfrohr*, ohne *Paminos Vögelflöte* zu vergessen.

Nur in Technologenkreisen anzuwenden: *der Suchkopf*. *Der Belfried*, besonders in Belgien.

Man nennt ihn auch *Pignole*. Dem *Obelisken* mangelt es nicht an Ehrgeiz (manchmal findet man darauf sogar Inschriften, im vorliegenden Fall Tätowierungen wie »Wendy forever«). Man sagt auch *der Rüssel* (für Indienkenner *Lord Ganesh*), *das Periskop* (wenn man die Sache blind betreibt), *das Aushängeschild* und *Caesars Schwert*. *Die Binse* hätte ich fast vergessen! Und *die Bergspitze*, von wo aus man die Grenzen überwachen kann!

Und *die Rute* selbstverständlich, die ich schon erwähnte, für jene Hobbyangler, die regelmäßig in fremden Gewässern fischen und bei denen manchmal etwas anbeißt.

Ich erwähne noch die *Arschwurzel* und den *Zeremonienstab,* der in der Theaterwelt recht verbreitet ist (wahrscheinlich, weil er's dreimal hintereinander bringt, den *Vordersteven* (in der Handelsmarine), *der junge Kader* (für die Kommunisten), *das mittlere Bein* (für die Mediziner), *das Edelweiß* (für die Sennen auf der Alm) und *der TGV* für die ganz Schnellen.

Man sagt auch *der Pfeil, der Kamerad, der kleine* oder *der große Kahle, der Schaumschläger, Josephines Krücke* (sie eilt den Rekonvaleszenten zu Hilfe). Man sagt *Meister Iste, Saftspender* (frischgepreßt und naturtrüb) oder auch *Saftporling.* Das erscheint mir *schön wie eine Kaktusblüte in der Wüste*, um einmal einen ganzen Satz zu bilden.

Genug für heute. Wenn Sie erlauben, serviere ich Ihnen bei meiner nächsten Lieferung weitere Gänge. Sie wissen sicher, wovon ich spreche.

Leben Sie wohl in diesem Wust an Worten. Es gibt immer dann so eine Fülle von Wörtern – wahrscheinlich wird es Ihnen langsam bewußt –, wenn die Sache so unfaßbar und wesentlich zugleich ist. Wörter sind fordernd. Oder sie schweigen.

Ich bin Ihnen ganz ergeben.

Paris, am 2. Oktober

Liebe Françoise,

machen Sie sich keine Sorgen: Ich habe nicht vergessen, daß die männlichen Geschlechtsteile nicht nur aus dem Glied bestehen. Dieser Baum braucht auch seine Wurzeln, ein Teil davon ist sichtbar und von einer anerkannten Bedeutung. Ja, zweifelsohne bleibt die Männlichkeit unvollkommen ohne *die Hoden*, die wir üblicher Weise *die Eier* nennen.

Befassen wir uns heute damit. Ich habe Ihnen schon einige Wörter für *die Teile* genannt. Diese Schamteile können sowohl *edel* als auch *intim, empfindlich, potent* und *verborgen* sein.

Das Feld der Wörter, die die Hoden bezeichnen können, wird wie die ganze restliche Landschaft ständig neu beackert. Ich fange mit den gängigsten an, die Sie bestimmt kennen, *der Sack*, *das Gehänge*, *die Klöße* oder *Klößchen* und *die Klöten*, *die Billardkugeln* sowie *die Klicker* (übrigens sagt man im Hessischen: dicke Klicker, korze Bibbes!, und *Mozartkugeln* rufen beim Franzosen und Engländer großes Gelächter hervor).

Gehen wir zurück ins 19. Jahrhundert, wo wir in der Sprache der Gauner *die Flintenkugel* und *die Knallbüchse* finden (immer schwingt da die Vorstellung von Projektil mit). Auch sagt man *Datteln*, die aus Jordanien sind heiß begehrt, ein älterer Ausdruck ist *die Schellen*, *die springlebendigen Schellen* habe ich bei einem italienischen Pamphletisten aus dem 16. Jahrhundert namens Aretino gefunden.

Will man diskret sein, kann man das Lateinische *testes* oder *scrotum* verwenden. In den zwanziger

Jahren sagte man *die Dolly Sisters*. Literarischer sind *Daphnis und Chloe*, *Kasimir und Karoline* sowie *die Gebrüder Grimm*. Jegliche berühmte Paare können hier Anwendung finden. Je nach Größe und momentaner Laune, auch abhängig von der benannten Person, redet man von *Titus und Berenice* oder auch *Illi und Olli*. Diese Art von Namensgebung ist immer unterhaltsam. Sie führt von *Tristan und Isolde* und *Romeo und Julia* (hier immer der Mann zuerst), von *Narziß und Goldmund* zu *Laurel und Hardy*, *Simone et Jean-Paul*, *Jules et Jim* oder *Bonnie and Clyde*.

Bleiben wir bei *Peter und Paul* für die religiös Angehauchten, *Vater-Mutter* für gemütliche Abende zu Hause vor dem Kamin und *Elsaß-Lothringen* für Franzosen, die gern einem gewissen Patriotismus nachhängen und sichergehen wollen, daß sie Frankreich erhalten bleiben.

Ich schlage ihnen weitere mögliche Ausdrücke vor: *zwei glorreiche Halunken*, *ein verrücktes Paar* und *die Ausgebufften* (von Bertrand Blier), *die Familienjuwelen*, *die Schatzsäckel*, *die Liebeskugeln*, *die Amulette*, *die Bonbons* (man sagt auch *die Bonbonniere*, die man sich schön eingepackt vorstellt), *die Schnucken* oder *die Schnuckeligen*, *die Bummeligen*, *die Lappalien*, *die Pfeffernüsse*, *die Schattengewächse*, *das Geschmeide* und *die Kastagnetten* (Vorsicht beim zu heftigen Tanzen).

Um zu illustrieren, was ich Ihnen vor längerem über Adjektive – Staatsfeind Nummer eins der Terminologen – gesagt habe, werde ich Ihnen zeigen, was ich mit den zahllosen Möglichkeiten meinte. Nehmen Sie ein beliebiges Adjektiv und probieren Sie es aus. Sie werden sehen, das funktioniert in jedem Fall. Also, ohne nachzudenken, *die Schlafenden*, *die Sturen*, *die Klammen*, *die Diskreten*, *die Verträumten*, *die Affektierten*, *die Baumeln-*

den, die Bürgerlichen, die Betriebsamen, die Dilettantischen, die Geschützten, die Vergessenen, die Gemeinschaftlichen und so weiter.

Adjektive bringen jeden Lexikographen zur Verzweiflung.

Wir sollten also konkreter werden. Ich erwähne *Salz und Pfeffer* sowie *Essig und Öl.* Wir dürfen *Martha und Maria* nicht vergessen, *die Gefangenen, die Knäuel* und *die Erdnüsse.* Wenn der Wonnemonat naht, mag ich *die Maiglocken.* Man sagt auch *die Glöckchen,* die man läuten kann.

Ich ergänze mit den *Mollmäusen* und den *Miniaturen,* die japanisch sein können, das *Behänge des Kronleuchters, die Rasseln* (mit dem Zusatz: »Bei Gebrauch schütteln«), *Opas Rumkirschen* und *die zwei Scheuen* oder einfach nur *die Zwei.* Ich plädiere für den *Schrotbeutel* und die *Lutschkugeln.*

Ich werfe *die Nüsse*, *die Kerne* und *die Haselnüsse* in einen Sack. Man hört oft: »Du gehst mir auf die Nüsse«, und das nicht nur auf dem Lande. Apropos Sack, man sagt natürlich *Hodensack* und auch die *Ostergrüße* (»Deine Ostergrüße sind zum Lachen« kann man für eine Beleidigung halten).

Manchmal kann das Vokabular abwertend sein. Zum Beispiel, wenn es die Hoden als *Accessoires* beschreibt, als *Zubehör*, *Brimborium*, *Frischhaltebeutel* oder als *die zwei Vizebürgermeister*. Wie Sie wissen, schätze ich diesen abfälligen Ton nicht besonders, aber da ich es mir schuldig bin, Ihnen alles zu sagen, zumindest alles, was ich weiß, weise ich Sie darauf hin, daß man im Fall von zu offensichtlicher Abnutzung *die Fetzen* sagt.

Das Kapitel der Gefäße ist reich an Bildern. Es war zu erwarten. Wir haben *die Feldflaschen*, die ehrgeizig, und *die Phiolen*, die bescheidener sind, mit der Variante *Phiolen für Lederbalsam*. Für die Ministranten haben wir die *Meßkännchen*. Wir haben *den Samenspeicher*, den ich nicht sehr mag, und *die zwei Fläschchen des himmlischen Vaters*, die ich dem ersteren vorziehe – und das bei weitem.

Wenn man bescheiden ist, kann man das Adjektiv klein hinzufügen: *kleine Feldflasche, kleine Datteln*. Wenn sie wirklich klein sind, erscheint es mir ehrlicher, gleich ein anderes Wort zu nehmen wie *die Samenkerne, die Berlocken* oder *die Weichseln*. Oder auch *die Silberzwiebeln*, die schön mundgerecht sind.

Um die Idee des Hängens zu unterstreichen, haben wir neben dem *Gehänge* die *Hodenschaukel*. Für die Schüchternen *die zwei Ohren* (vielleicht weil sie erröten können), *die Operngucker* (die Sie aus der Ferne beobachten). Für den Patriarchen *der Stammhalterbeutel*. Für die Schuldigen *die Entlastungszeugen*. Auf Türkisch *tasak*.

Seit dem Algerienkrieg sagt man in Frankreich auch *les claouis*: »Burschen, paßt auf eure claouis auf, da unten wird die Hölle los sein!«

Gedenken wir der *Hängematte*, die in Zeiten großer Müdigkeit auch mal einen Durchhänger haben kann. Ich rufe Ihnen ins Gedächtnis: *die Saubohnen*, *die Dörrpflaumen der Frau Gemahlin*, *die Pflaumen des gnädigen Herrn*, *die Frivolitäten der Königin* und *die Venusbouletten*.

Beim Matrosen und beim Tapezierer sagt man gern *die Quasten*. Es bringt Glück, wenn man sie anfaßt. Ich halte fest: den einfachen und charmanten *Pompon*. Ich möchte *die Rotzbengel* hinzufügen, die frech sind und an Bubenstreiche erinnern.

Wir dürfen *die Murmeln* und *den Murmelsack* nicht vergessen. So wie *die Marmeln*, die etwas erlesener sind. Ein Metzger, den ich einmal kannte, sprach manchmal von seinen *Frikadellen,* und Sie wissen, daß jeder Konditor seine *Mandeldragees* hat und diese nicht nur für Taufen bereitstellt. Dazu fällt mir ein, daß ich von den *Samstagabendpralinen* und den *Nachbarn von unten* sprechen gehört habe.

Einer meiner Bekannten pflegte einen jungen Vater aus seinem Freundeskreis zu begrüßen: »Guten Tag, mein Herr. Wie geht es Ihren beiden?«

In meiner Jugend hörte ich sagen *die Empfindlichen, die Zimperlichen, die Süßen, die Sakrosankten, die Liebesschellen* und sogar *die Glöckchen der Jungfrau Maria.* Mir scheint, diese Ausdrücke sind heute völlig aus der Mode. Ihr Publikum würde nichts verstehen und sich mit Recht beschweren.

Die Beizem hingegen kann man verwenden, sie kommen aus dem Hebräischen, *die Jujuben* (Frucht aus dem Süden Frankreichs) und sogar *die Passionsfrüchte* (vorausgesetzt, »passion« ist dabei). Wenn man Anlaß zur Klage hat, kann man vom *Faulpelz* reden, von den *Waschlappen* oder den *Verpennten*. Wenn es noch schlimmer ist: *die Streikenden* (die manchmal nicht einmal Dienst nach Vorschrift machen). Ich habe sogar bei einem Examen *die Doppel-Null* gehört.

Wörter entstehen irgendwo. Einige vergehen an Ort und Stelle wieder. Andere werden zu Wörtern für jedermann.

Wie einst einer meiner Freunde sagte, der davon träumte, ein Wort zu sein: »Mh, in aller Munde sein ...«

Natürlich ist das nur ein Traum. Wörter sind heute wie alte Häuser und Tierarten: sie verschwinden. Die, die bleiben, sind immer die mittelmäßigen, die einfachsten. Da es ihnen an Qualität mangelt, nutzen sie sich sehr schnell ab, sie verlieren jede Farbe und Kraft. Manchmal verlieren sie sogar ihren Sinn. Wundern Sie sich also, daß man sich nicht mehr versteht?

Meine Allerliebste, ich hoffe, daß Sie befriedigt sind. Sicherlich, mein Gedächtnis läßt nach, wie so manches andere auch, aber ich kann durchaus noch jüngere Kenner herausfordern. Wenn ich mit Ihnen plaudere, kommen Gefühle und sogar Empfindungen in mir hoch, die ich verblaßt, ja verloren glaubte. Ich danke Ihnen dafür. Zögern Sie nicht, sich an mich zu wenden, gar mir einen Besuch abzustatten. Ich bin Gefangener meiner Arbeit und verlasse meine Gefilde kaum.

Früher beliebten meine Kollegen über mich zu scherzen. Sie nannten mich »Pornokrates«, »Doctor veneris causa«, und spöttisch schlugen sie mich zum »Ritter vom losen Hosenbund«, ein Schelm, wer Böses dabei denkt.

Mein Leben – muß ich es Ihnen überhaupt noch in dieser Deutlichkeit sagen? – war meiner Wissenschaft nicht gewachsen.

Ihr stets Ergebener.

Paris, am 10. November

Liebe Françoise,

Danke, danke für Ihren Anruf! Ihre Stimme hat mich mit Wärme erfüllt, Ihre Worte haben mein Herz berührt. Ich lebe allein, und niemand ruft mich an, außer manchmal aus Versehen. Ich war so betrübt, nichts mehr von Ihnen zu hören.

Also hat Ihnen meine Arbeit geholfen. Das freut mich sehr. Sie wurden für Ihre letzte Synchronisation gelobt? Bravo! Endlich ist mein Leben zu etwas nutze.

Ich habe meine Recherchen in dem Sinne weitergeführt, wie Sie es mir angewiesen haben. Ich wußte nicht, daß man »Schwulenfilme« dreht, wie Sie sagen. Das überrascht mich ein wenig. Und doch ist es nicht meine Aufgabe, über mein Jahrhundert zu urteilen, sondern ihm zu dienen (im Gegensatz zu vielen anderen). Mein Gebiet ist das Vokabular. Ich bin Professor für Vokabeln und kann Ihnen daher einige ausdrucksstarke und abwechslungsreiche Wörter beibringen, die die hintere Ansicht des Sexualaktes betreffen, »die Hintertür nehmen«, wie die Chinesen es nennen.

Sie werden sehen, er ist interessant.

Bevor wir uns mit dem Akt selbst beschäftigen und mit denen, die sich ihm hingeben, lassen Sie uns ein wenig über den Ort des Geschehens reden. *Der Arsch*, anders ausgedrückt *der Hintern*, *das Fundament*, *die Hinterbacken*, *das Gesäß*, *das Hinterteil* wird auch in einer Nullachtfünfzehn-Sprache *die Basis*, *die Rundungen*, *die Kehrseite*, *der Steiß* oder *das Kreuz* genannt. In einem entschieden alltäglicheren Stil sagt man: *das Fahrgestell*, *der Po*, *der Podex*, *der Popsch*, *der Popo* und *die Butte*. Ordinärer: *die Gasfabrik* und *die Scheißtrommel,* die eigentlich den *Anus* oder das *Arschloch* bezeichnen, das man auch einfach das *Loch*, die *Kerbe* und den *Schlund* nennt. In einer gepflegteren Sprache: *der Abendstern*, *die Einbahn*, *die verbotene Frucht* und *der Brunnen ins Bodenlose*. Es ist *der Windmacher* und kann auch *der Schmollmund* sein. Und im Fall großer Enttäuschung ist es einfach *die Null.*

Einige Mundartausdrücke, die sich mit den Jahrhunderten verändert haben: *die Zechine* und *Johannes der Runde* im 17. Jahrhundert (und wahrscheinlich davor), *der Ventôse* während der Französischen Revolution und *das Lustspielhaus* zu Zeiten der Belle Epoque. Wir haben auch *Dotsch*, *Dutsch* und *Dokus*, und außerdem den *Schleicher* (oh, wie heuchlerisch), den *Marquis von Prosa* (sagt der König zum Marquis: »Bin ich der erste, der Euch von dieser Seite kennt?«), *die vier Buchstaben*, *die Kurven*, den

Ballsaal, den *Allerwertesten* und den *Machilo*. Hier *der Einäugige* – in seinem Reich ist er König.

Ich kann Ihnen bildhafte Ausdrücke anbieten wie *der Fußtrittempfänger*, *das Sitzfleisch*, *die Abtei von Verso*, *die Abtei von Clunis*, *die Sibyllengrotte* (für welche Prophezeiungen?), *die Wunderluke* und *der Künstlereingang*. Lassen Sie mich nicht *das Uhrglas* vergessen, oder schlicht *die Uhr*. Warum, weiß ich nicht. Da schaue ich auf jeden Fall nicht nach der Zeit. *Die dehnbare Halskrause* verstehe ich schon besser.

Es wird Sie nicht überraschen, wenn ich Ihnen sage, daß einige Bezeichnungen unanständig sind. Die Funktion des Körperteils verleitet dazu. Erregt es bei Ihnen Anstoß, dann überspringen Sie einfach den Absatz, aber ich bin es mir schuldig, Ihnen kurz Folgendes aufzulisten: *der Vergaser*, *der Auspuff* (ich nennen ihn lieber den *Lauten*), *der Ko-*

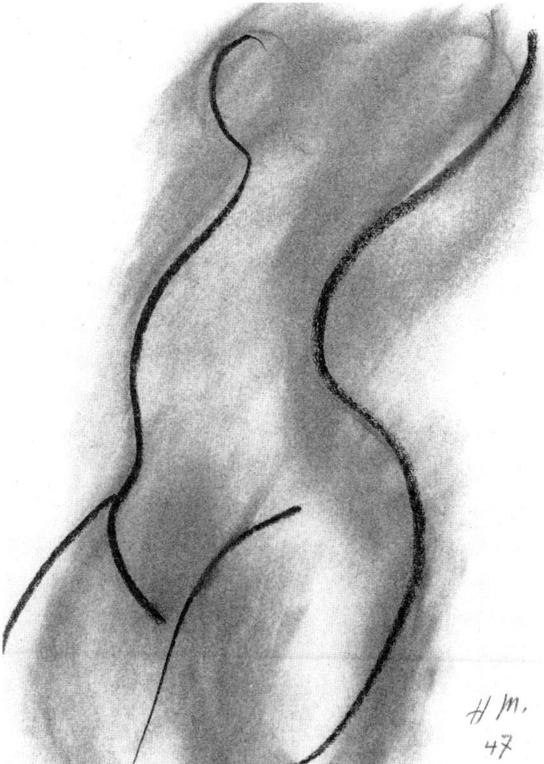
H M.
47

rinthenkacker, das Gurkenfaß, der Donnerbrunnen, das Scheißloch, der Blasebalg, die Windmühle und *der Schokobrunnen*. Uff! Erledigt.

Das Wort *ojo*, das Auge, ist auf spanisch weit verbreitet, sowie *l'œil* auf französisch. Auf deutsch *das Bärenauge* und *das Auge, das nichts sieht. Das Maulwurfsauge* und schlicht *die Öse.* Es ist auch *Der-nach-hinten-schaut* und *Der-nach-unten-schaut*.

Wenn man die Kraft der Pobacken betonen will, sagt man *Griffbrett*, *Knacki* und *Gluteus maximus* oder sogar *der Schraubstock*. Wenn man ihn kräftig zusammenklemmt, kann er zu einem *Nußknacker* werden.

Heikler zu handhaben ist der *Kronkork*.

Für Geographen haben wir die *Halbkugel* und den *Globus*. Ziemlich aus der Mode ist *das Auge Mos-*

kaus, das alles sah, ohne hinzuschauen. Für die Goldschmiede *der andere Ring* und *der bockige Ring*, der auch tief sein kann. Für Erstklässler: Wer hat Angst vor dem *schwarzen Mann*?

Eine Kuriosität: *der Rubens*, der für Kunstliebhaber geeignet ist und einen gewissen Umfang suggeriert. Am Anfang des letzten Jahrhunderts war *der Preuße* weit verbreitet, er ist heute sicherlich veraltet.

Eine Antinomie wäre *das dicke Gesicht*, *das Mondgesicht*, *das zweite Gesicht* und *das Gesicht ohne Nase*. Da, *wo der Rücken seinen anständigen Namen verliert*, findet er noch viele andere. Wir haben auch den *Schwerpunkt*, der von Physikern auch der *Massenmittelpunkt* genannt wird, *das Hinterquartier*, *die Poebene* (zugegeben ein billiges Wortspiel), *Sir John*, *den Vorsänger* und *den Ehrwürdigen*.

Ziemlich raffiniert ist *der unsichtbare Himmel,* in dem sich *die andere Seite der Venus* verbirgt. *Die Hinterreifen,* die manchmal Luft verlieren.

Man sagt auch, allerdings ist das literarischer, *die Blume des Bösen*, *das Treff* und *das Monokel.* Man sagt *der Pagat*, Ausdruck aus dem Tarock (»mir wurde der Pagat gestochen«), *der Verklemmte* und selbstverständlich *die Pastille* (»Wer hat's erfunden?«).

Ich erwähne den *Pudding*, den *Wackelpeter*, die *Blechtrommel* (»Er gibt mit dem Schlägel zurück, was er vom Trommler eingesteckt hat«, sagt man über einen aktiven wie passiven Mann), das *Bürzel*, die *Afterrose* und den *Prallen*. Für die Musiker haben wir das *Becken*, für den kleinen Hunger zwischendurch den *Apfel* und den *Schinken*. *Die Nüsse*, die ich bereits für die Hoden erwähnt habe. Auch *Tokus*, *Berg* und *Bau* (für kühne Karnickel), *die Einsiedelei*, in die selten Besuch kommt. Eher selten: *der Zwetschkenkern*. Recht witzig: *Arschiv*. Ziemlich mittelalterlich: *der kleine Batzen*. In der Segelfahrt sehr geschätzt: *das Achterdeck*. In der Kriegsmarine: *der Flugzeugträger*. Für die Kadetten: *das Spundloch*.

Nur zur Erinnerung: *Pforzheim*, *Hefeteig* und *Sitzleder*. Ich habe eine Schwäche für den *Präsidenten*, der mir majestätisch vorkommt. Sie müssen wissen, daß ihn die Preziösen im 17. Jahrhundert den *Intimus der Kommoditäten* und den *Konfidenten der Bequemlichkeiten* nannten. In Kirchenkreisen, die wir nicht vergessen dürfen, beichtet man gern vor dem *Altar, wo der Abt seine Opferkerze entzündet*.

Wenn er allerlasterhaftigst und despotisch ist, nennt man ihn *Herodes*.

Ich finde den *Eintänzer* ziemlich ansprechend. Ich schätze *die Absteige zum heiligen Opferstock*, *das Pik*

As und *Braunschweiger*. In Rom pflegt man seine Bewunderung mit dem *achten Hügel* auszudrücken.

Anderswo und vor allem unter den Hellenisten hört man vom *griechischen Ring*, dem *Engpaß der Perser*, dem *Isthmus von Korinth* und sogar der *Tülle des Ganymed*, aus der Zeus höchstselbst trinken wollte. Für die Japaner ist es *der Topf.*

Wer hat im Kloster nicht schon von *Pater Brown* gehört?

Im eleganten 18. Jahrhundert, elegant zumindest was die Sprache betrifft, sagte man *das Souterrain in der Mondgasse*. Der Marquis de Sade hat dafür den *Widersinn* erfunden. Er war es, den er vorzog. Man sagt *der Ofen* und *die Hintertür*, auch *der Runde* und alles, was um diese Idee kreist: *der Kreis*, der intim oder geschlossen sein kann, oder im Gegenteil *der Familienkreis* und *der Teufelskreis*. *Die*

Scheibe, *das Butterfaß* und seit immer und ewig *der Ring*, etwas spezifischer: *der Ring des Saturns*. Immer noch im Weltall finden wir *das schwarze Loch*, wo wir uns verlieren.

D*as Hintergestell* und *das Hinterkastell* können in den besten Kreisen erwähnt werden. Das Gleiche gilt, wenn man gewisse Vorsichtsmaßnahmen ergreift, für *das Nebengebäude*, den sehr charmanten *Nachbarn*, *die Kehrseite des Mondes*, *der Schattenmund* und *der Pausbäckige* (der das Ganze bezeichnet). *Die Mühlsteine* sagt man nur, wenn sie genügend Korn zum Mahlen haben.

Mit Vorsicht zu genießen sind *der Gasometer*, *der Boiler* und *die Dunkelkammer* (wo man Schönes abziehen kann). Gut versteckt sind *die Geheimtür* und *das Kabuff*. Im Stil Fin de Siècle ist *Junger-Mann-folgen-Sie-mir*. *Die Trüffel* haben die Gastronomen für sich gepachtet. In der Schußlinie des Militärs: *der Drückeberger*. Das Meisterwerk des Schneiders: *das Plissee*. Der Traum eines jeden Astronauten: *der Stern*.

Vergessen wir nicht, daß dieser multifunktionale Körperteil, der normalerweise versteckt ist, die Offenheit liebt. Der Beweis: Man sagt von einem Scheinheiligen, daß er ein falscher ... solcher sei.

Die Kirchenautoritäten, auf die ich mich in meinen ersten Briefen bezogen habe, haben oft die Verwendung der *illegitimen* und *vermaledeiten Gefäße* verurteilt. Sodomie ist in ihren Augen ausnahmslos zu verdammen. Sie ist ein *abscheuliches Verbrechen*. Daher so mancher vehemente Ausdruck bei Dichtern und religiösen Rednern des 17. Jahrhunderts wie *Satanshölle*, *Teufelsloch* und *der Gang der Verdammnis*. Unter den unwiderruflichen Urteilen scheinen mir *die schwarze Pforte*, *der Brunnen leer der Gnade* und *die Schwelle zur ewigen Pein* recht schön.

Kommen wir bitte auf unsere Frivolitäten zurück.

Hier also *die Wohlstandshügel* und *der Gang für Feinschmecker.* Als Gegenstück zum Fenster (das für das weibliche Geschlecht steht) erinnere ich Sie an *die Luke* und selbstverständlich *die Heckscheibe. Der Blinker* ist bei Abzweigungen von Nutzen, *der kleine Krater* und schon wieder in der Handelsmarine (aber wen wundert's?) *das Bullauge des Kapitäns* (»Los, Schiffsjunge, bring es zum Glänzen!«).

Wenn er gut in Schuß ist, ist es *der Knackarsch.*

Im 19. Jahrhundert sagte man *das Einmachglas, das Weckglas, die Klumse, die Herrschaftseinfahrt* wie auch *der Pfennig.* Man sagt auch *der Taler* und *der Heller.* Seltener ist *der Haller,* der heute, wie mir scheint, in Vergessenheit geraten ist. Wird sich bald *der kleine Euro* durchsetzen?

Soviel zum Corpus delicti, das auch delikat sein dürfte. Obwohl ich selber keine praktische Erfahrung in dieser Sache habe, stelle ich sie mir prickelnd vor, da man sie sonst nicht immer so unerbittlich untersagt hätte. Das erste, was jegliche Obrigkeit bekämpft, ist das Vergnügen, genauer gesagt, das sexuelle Vergnügen. Jeder Vorwand ist gut, um Menschen von der Liebe abzubringen. Ich selbst war in meiner Jugend Opfer, wie viele andere auch. Warum ist die Liebe ein so gefürchteter und verhaßter Feind? Ich habe einmal mit einem alten Freund aus Spanien darüber gesprochen. Er sagte, daß die Liebeslust deswegen so gefährlich sei, weil sie jeden treffen kann und sich an keine Regeln hält, an keine soziale Hierarchie. Es soll Könige gegeben haben, die sich unsterblich in Schäferinnen verliebt haben.

Und manchmal sogar in Schäfer, dieser Fall soll uns heute beschäftigen.

Wenden wir uns also dem Akt selbst zu. Ich werde keine Umwege machen, meine liebe Françoise, und ohne Umschweife sagen, was Sie ohnehin schon wissen: Das meistverbreitete Wort dafür ist *Arschficken*. Es hat den Vorteil, eindeutig zu sein. Es entspricht dem *Ficken* für die Kehrseite. Freilich, die Sache kann auch unbeschwerter ausgedrückt werden. Wir hatten schon *die Hintertür nehmen* und *das Nebengebäude aufsuchen*. Ich füge *den Liebestunnel nehmen* hinzu und *den Rückstoßantrieb entzünden* (wie Sie sehen, kann ich auch mit meiner Zeit leben) und generell alle Verben, die wir schon kennen (*bumsen, stechen* usw.), die man nur mit dem Wort *Arsch* oder jedem anderen Synonym zu kombinieren braucht. Man kann auch *einen umhacken*, das sehr brutal ist, und *sodomisieren*, das aus der Bibel kommt.

So oder so geht es um *Analsex*.

Wir verfügen über eine breite Palette von Namen allein im Bereich der Geographie. Alle Völker sind hier vertreten. Man kann es natürlich *wie Alkibiades* und *wie Sokrates treiben*, kurz gesagt *wie die Griechen* oder *reiten wie die alten Römer*, aber auch *fechten nach Florentiner Stil*, *es nach Levantiner Art machen* und *nach Anderlusien fahren*. Seit der Moderne *vögelt man im Jugendstil*, und die französischen Soldaten in Algerien *leisteten sich öfter mal einen Kabyler*. Die, die sich der *Arscheologie* generell hingeben, nennt man auch *Araber*, *Sidonier* oder schlicht *Südländer*.

Ein Brieffreund erwähnte einmal *die annamitische Hab-Acht-Stellung*, nicht ohne eine gewisse Sehnsucht nach der guten alten Zeit. Heute hat der Sextourismus die Überschreitungen der Kolonialherren verdrängt.

Andere Ausdrücke, dieses Mal umgangssprachlich: *arschmausen*, *arschbohren*, *arschpauken* (für den Abend des 14. Juli), *arschbürsten*, *arschgeigen*, *arschpudern*, *arschschustern*, *arschausheben*. All diese Wörter fangen gleich an. Der Vorgang ist klar und verständlich. Ich füge dem *stechen* und *spachteln* hinzu. Wir haben auch ein paar bildhafte Ausdrücke: *sich vollpacken lassen* (vielleicht um zu verreisen?), *den Hengst hinter den Wagen spannen*, *den Fetschner rebeln*, *das Kabinett aufbrechen*, *die Kehrseite der Medaille putzen*, *den Schwanz jagen* (oder *suchen*), *Parterreakrobatik machen* und *das Lustspielhaus ausputzen*. Und ein alter Ausdruck ist: *wälsche Hochzeit.*

So oder so hat man *Sitten wie ein Hinterwäldler* und handelt *wider die Natur* (aber wer sagt schon, wie die Natur zu sein hat?). Wer *das Buch von hinten aufschlägt* und *den Klappentext liest*, muß *vom zweiten Deck*, *ein rückständiger Bürger* sein, er *läßt sich die Kiste aufbrechen* und *die Kerbe spalten*, er ist ein *Grubenbaron*, ein *Rückwanderer* und *linksgewebt*. Er *füttert das andere Gesicht*.

Man muß *Braunkohle* mögen, um *das Braunkohlebergwerk zu bedienen*. Man kann auch sagen, wenn auch nicht mehr üblich: *ein Klistier verpassen* (das hat was Unangenehmes) und *ein Achterl hintergießen*.

Das Wort *erotisieren* kann man vorne auch mit einem »h« schreiben. Der Konditor *taucht seinen Keks ein*. Der Bäcker *schiebt sein Brot in den Ofen*. Wenn er seine Bescheidenheit betonen will, sagt er eher sein *Brötchen*. Wer einfach nur reden will, der *klönt verkehrt rum*. Der Gärtner *pflückt eine Rose*. Der Weltreisende, der am Kamin von seinen Heldentaten erzählt, *schürt das Feuerland*.

Ich möchte Sie ganz besonders auf folgende Ausdrücke hinweisen: *einen Umweg machen* und *den*

Hilfsstromkreis anstecken. In den dreißiger Jahren wurde die Geliebte eines einschlägigen Künstlers seine *Aftermuse* genannt. Man sagte auch: *Sie ist eine Perle* (weil man sie von beiden Seiten auffädeln kann) oder *sie ist eine Popoline*, ein recht amüsanter Ausdruck.

Von hinten nehmen ist natürlich sehr geläufig, so wie *den Spieß umdrehen. Die Scheibe explodieren lassen, einem einen reinhauen, einen warmen Empfang geben* und *in den Jungbrunnen fallen* lassen auch keine Zweifel offen. *Das Auge aufreißen* sagt man, wenn es überraschend kommt.

Audiatur et altera pars! (auch die andere Seite soll gehört werden!) sagte – habe ich das schon einmal erwähnt? – Seneca.

In einer moderneren Sprache sagt man hingegen *Hinterantrieb haben* und *der Stecker ist hinten.*

Wenn es sich um eine Dame handelt, sagt sie: *Und wenn ich beide Türen öffne, dann weil ich Durchzug gerne mag.* Auf dem Flugplatz *öffnet man beide Tore des Hangars. Von beiden Seiten bespielen* ist ein banaler Ausdruck.

Man kann auch sagen *verkehrt rum reiten*, *gegen den Strich bürsten*, *den Schlepplift nehmen* (Skifahrer nennen es auch den *Spezialslalom*), *sich in den Kreis einführen lassen*, *Mitte wählen* und sogar *Offshore-Bohrungen machen*. Ich vertraue Ihnen ein wahrlich köstliches Zitat an (auch wenn ich daran zweifle, daß Sie es im Zuge Ihrer Arbeit verwenden können): Eine Dame des 19. Jahrhunderts sagte bei der Ausübung dieser Praktik: *»Ich erweitere meinen Freundeskreis.«*

Früher sagte man auch – aber in diesem Zusammenhang sagt man es nicht mehr – *verhexen* und in *seinen Bann ziehen* und sprach dabei Merseburger Zaubersprüche (»bluot zi bluoda, lid zi geliden, sose gelimida sin«). Apollinaire verwendet das lateinische *pedicare*. De Sade versuchte *molinisieren* einzuführen – allerdings ohne großen Erfolg.

In einer ziemlich derben Sprache sagt man *sich buttern* und *sich vaselinieren lassen*. Ich ziehe die ein wenig rätselhaften, jedoch sprechenden Ausdrücke *sich vergolden* oder *sich versilbern lassen* vor.

In Algier, wo große Hitze herrschte (ich spreche hier von der Zeit vor der Unabhängigkeit), sagten die Franzosen den *Sonnenschirm umstülpen*. *Die französische Naht platzen lassen* gefällt Schneidern sicher besonders. Es hat aber nichts Politisches.

Zu besonderen Anlässen kann man *das Hauptportal* oder sogar die *Toreinfahrt nehmen*. Man kann *sich wie eine Eule nageln lassen*. Man kann sich auch *pfählen lassen* (zum Beispiel auf einer chinesischen Lanze) oder *hintergangen werden*. Das letzte läßt auch, so scheint mir, an ein schlechtes Geschäft denken.

Man kann auch *die Romantik-Straße* oder *die Bundesstraße nehmen*. Diskreter kann man fragen: *Lieben sie Linkswalzer?* Oder auch: *Darf ich den Nachbarn grüßen gehen?* Und schließlich dürfen wir das sehr ausdrucksstarke *nach Popolinesien segeln* nicht vergessen (schon spanische und portugiesische Seefahrer sind dort gelandet). In gewissen gastronomischen Kreisen *ißt man seinen Rochen mit brauner Butter*, oder *man fragt, ob man noch etwas Baguette haben könnte*. Das letztere ist eindeutig zweideutig. Man kann auch *einen auf den Schinken kriegen*.

Restif de la Bretonne nennt es *die Medaille umkehren* und *den Darm sondieren*. Soviel ich weiß, ist er auch der Erfinder von *loyolisieren*, zu Ehren des großen heiligen Ignatius von Loyola, Gründer des

Jesuitenordens. In einem kaum bekannten Werk aus dem 18. Jahrhundert habe ich den Ausdruck *andersrum predigen* gefunden. Sie sehen, wir bleiben im Religiösen.

In der Armee kann man sich *die Pistole, die Flinte, die Büchse* und *das Gewehr von hinten laden lassen. Man stürmt die Festung,* oder *sie wird gestürmt.* Ein Kapitänleutnant sagte mir einmal über einen jungen Fähnrich: »*Er segelt mit zwanzig Knoten und Rückenwind.*« Diesen Satz sprach er nicht ohne Bewunderung aus.

Die Anhänger des *saturnischen Lasters,* auch *infames Laster* genannt, die man heute als *Homosexuelle* bezeichnet, nennt man auch *Retroaktive, Päderasten* und *Sodomiter.* Sie unterscheiden sich in Nuancen, zumindest in ihrer Etymologie. Ich erspare sie Ihnen. Man nennt sie auch *die Invertierten.*

Ich warne Sie: Dies ist eine lange Liste.

Schauen Sie: Allein im Jargon des 19. Jahrhunderts findet man *Manoli sorum*, *Kodesch* oder *Godesch*, *Gurkenheinrich*, *Halbseidener*, *Soderer*, *Spinatstecher*, *Naserer*, *Blasmicherl*, *Klunte*, *Pupe* (auch *Puppnbock*), *Schwester* so wie *Pathikus*.

In Frankreich sagte man auch *les Emiles*. Kommt es vielleicht von Rousseaus Erziehungsroman? Später kam das Wort aus der Mode (nicht aber die Sache).

Restif de la Bretonne – schon wieder der – sagte schlicht *die Zarten*. Heute sagt man ohne Unterschied *Schwuler*, *Schwuchtel*, *Homo (ecce homo!)*, *warmer Bruder*, *Heißer*, *Falscher*, *alte Tante*, *Tunte*, *Busserant*, *Bengel*, *Emma*, *Süßling*, *Homokrat*, *Transvestit* oder *Transe*, *Bubi*, *Memme* oder *Bengel,* die man alle auch mit Adjektiven versehen kann: *kess*, *warmherzig*, *lustig*, *angeheizt*, *schwülstig*, *tuckig*.

Wenn eine Transe besonders geschmückt ist, so präsentiert sie sich als *Drag Queen*.

Sie sind alle *große Tacitusleser* (der, wie wir wissen, *Annalen* geschrieben hat). *Der Bagger* ist sehr kraftvoll, *der Gasmann* kommt ins Haus.

In Italien spricht man von *finocchio*. Aber man sagt auch *puserone*.

Man nennt sie *Afterpfleger*, *Pädophile*, *Versophile*, *Verkehrte*, *Andersgläubige* und allgemeiner *Freunde der Rückseite*. Sie sind alle *Rückenschwimmer* und *B-Seitenhörer*. Sie *verkehren andersrum*.

In der Literaturgeschichte gilt Oscar Wilde als ein aktiver Homosexueller, und die Passiven werden von Flaubert *bardaches* genannt, er selber gibt zu, davon genascht zu haben. Es kommt aus dem Italienischen und heißt soviel wie femininer Knabe, aber das bleibt unter uns. In Ägypten sind es *Adepten des Ringes*.

Dazu fallen mir zwei gängige Ausdrücke aus dem Milieu der Pieds-noirs in Nordafrika ein: *die coulos* und *die Wüstenspringmäuse*.

Homophil und *homotrop* sind recht gelehrt und daher nur beschränkt einsetzbar, genau wie *androgyn*.

Schweifzuzzler ist eindeutiger, *Hans Christian Andersen* (oder einfach *Andersen*) spielt auf ein Gerücht über den großen Mann an. Wir haben auch *Muttersöhnchen*, *Pfarrerstocher*, *Samtheinrich* und *Hinterlader*: Sie können einfach alle Verben nehmen, die ich genannt habe, und sie substantivieren.

Ein großer Klassiker ist *der Röschenkavalier*. Eine Seltenheit: *der florentinische Künstler*. Ein Verkannter: *der Apopotheker*. Ein Amerikanismus: *Gay*. Auf englisch sagt man *gay as a goose*, »schwul wie eine Gans«. Aber soviel ich weiß, gibt es keinen Beweis dafür, daß Gänse sich dieser Praktik hingeben. Jedenfalls nicht bei uns.

Im Zuchthaus wurde ein junger Debütant eine *Fronarbeiterin* genannt. Andere verwenden: *Antinous*, *Ganymed*, *Cupido*, *Hyazinth*, *Patroklos*. Eine *Schwester* ist passiv, so wie *Bibi* und *Mädi*. Neulinge, meist noch bartlos, können schnell zu einem *Prellbock* werden und *Rauber auf der Kerze haben*. Über den Passiven sagt man auch: *Er läßt sich wie ein Frosch aufspannen*. Wenn er sich gerne an beiden Ufern aufhält, sagt man, *er verkehrt zweispurig* oder *fährt doppelgleisig*. Die Aktiven ihrerseits sind *Stecher*.

Im *Satiricon* heißt ein Lustknabe *Giton*. Auf englisch sagt man heute noch *chum*, wahrscheinlich vom jiddischen *Chomez*.

Ich reise noch einmal in die Vergangenheit mit den *Muskeltieren im Kloster* (im Männerkloster, versteht sich). Heute sagt man manchmal noch in gewissen Kreisen *Gasfabrikanten* und *Petroleurs. Man segelt unter falscher Flagge* oder ist *vom anderen Ufer* oder *von der anderen Fakultät.*

Bleiben uns natürlich noch *die Gummitanten*, die man als *tato* oder *tuntig* bezeichnet. Nennen wir noch die *Honigsauger*, *Daumenlutscher*, *Bananenschlecker* und *Kümmelstangenlecker*, kurz all jene, die gern davon kosten. Wir dürfen *die Mignons* nicht vergessen, eine wichtige Episode aus der französischen Geschichte. Sie spielten *Ring und Pin* mit Henri III.

Eines schönen Abends ging ich die Rue Houdon Richtung Place Pigalle runter, als mir eine stark geschminkte Brünette ein muskelbepacktes Bein zeigte und mich mit tiefer Stimme und brasilianischem Akzent fragte: »Lust auf einen Fußballer?« Ich lehnte ab und ging weiter. Das ist so ungefähr meine einzige Erfahrung in diesem Bereich.

Damen, die Damen lieben, sind *Lesbierinnen* und *Tribaden*, auch *Leckmamsells*. Man sagt auch *Leckermaul*, und im 19. Jahrhundert hießen sie *Amazone* und *Seelenverkäuferin*, in Frankreich sind es *Knoblauchverkäuferinnen*, warum, weiß kein Mensch.

Außerdem sagt man wie bei den Männern *Schwestern*, *Kaffeeschwestern* und sogar *Brüder*. Man sagt auch, sie gehören zum *warmen Schwesternorden*. Es sind einfach *Lesben*. Sie sind Anhängerinnen der *gomorrhischen* oder der *sapphischen Liebe*, wie Marcel Proust sie nannte. Es sind auch *Reblerinnen*. Um die Jahrhundertwende sagte man: *die*

Pariserin. Daher kommt auch der schlichte Ausdruck *parisern.*

Mit der Zunahme des Briefverkehrs und der ersten Briefmarke um 1860 erfand man auch die *Zungenfee.*

Das Wort *Anandryne* kennen nur Gebildete. Im heutigen Jargon sagt man *Dyke* und *kesser Vater.* Sie hat *Gold in den Fingern.*

Sie ist wie der Invertierte auch *andersrum.* Davor war sie eine *Busenfreundin*, eine *unbeleckte Schnekke*, eine *Manuela von Meinhardis* aus *Mädchen in Uniform* oder eine *Claudine* in Anlehnung an die Romanfigur von Colette.

Wenn eine Dame eine Schwäche für beide Geschlechter hat, so sagt man: *Sie ist zwischen Baum* *und Borke*, aber auch: *sie spielt stereo* und *sie unterhält sich zweisprachig**.

Ein lesbisches Paar geht gemeinsam *in den Keller*. Zusammen *pflücken sie Maulbeeren*, *sie schnüffeln nach Trüffeln*, und bei Gelegenheit *grasen sie an der Wurliblume*.

Das war's, liebe Françoise. Ich hoffe, daß ich dieses Spezialgebiet – Gegenstand Ihres Anrufes – ausreichend erläutert habe. Hier spreche ich, mehr noch als anderswo, nur vom Hörensagen.

Was ich Ihnen hier schicke, erscheint Ihnen vielleicht etwas gewagt, wie man so sagt. Pah! Ich nehme an, daß Sie bei Ihrer Arbeit noch ganz andere Dinge gehört haben. Außerdem ist die Phantasie,

* Für einen Mann, der beide Geschlechter verehrt, kann man die gleichen Ausdrücke verwenden. Dazu kommt noch: *Er fährt Karussell*. Wenn er hin- und herwechselt, ist er ein *Zweispänner*. Ein *Wankelmotor* ist jemand, der die Energie optimal umzusetzen weiß.

wie eines meiner geistigen Vorbilder zu sagen pflegte, immer unschuldig. Die Sünde in Gedanken ist eine verquere Erfindung der Beichtväter – allein Taten können verurteilt werden.

Sie wissen, daß ich mich kaum noch aus dem Haus begebe. Ich habe mit Hilfe der Concierge in meiner Wohnung ein wenig Ordnung gemacht. Sie hat mir Tee und trockene Kekse gekauft. Sie würden mir eine unermeßliche Freude bereiten, wenn Sie einmal für ein, zwei Stunden zu mir auf Besuch kämen. Ich hätte Ihnen so viele Dinge zu sagen, die mit mir vergehen werden.

Zögern Sie nicht. Rufen Sie mich wieder an und statten Sie mir einen Besuch ab. Haben Sie nur keine Angst.

Auf bald?

POSTSCRIPTUM: Zum Thema Hintern habe ich historische Anspielungen vergessen wie *Napoleon vor den Toren Moskaus, der Sturm der Bastille, die Eröffnung des Suez-* oder *des Panamakanals*. Es ist auch nicht so wichtig. Dennoch möchte ich als Humanist mit einem von mir besonders geschätzten Ausdruck abschließen: *Die Einfahrt in die Dardanellen.* Um diese zu beherrschen, mußte schon manch Grieche eine List anwenden.

12. November

NACHTRAG

Schnell! Ehe ich es vergesse! Sie haben mich gar nicht nach den weiblichen Brüsten gefragt. Ich nehme an, daß man Ihnen in den Filmen, für die Sie arbeiten, kaum Namen gibt. Dennoch, man weiß ja nie, hier die geläufigsten Ausdrücke.

Sie sind fast alle derb, in der Art wie *Möpse*, *Titten*, *Tutteln*, *Dinger* und die *Pompoms* (oder *die Pietzen*). *Die Nippel* und *die Ballons* sind klassisch, *das Herz* ist sehr gesittet genauso wie *Busen* oder *Büste* (der ganze Stolz der Frau ohne Unterleib).

Die Milchklößchen und *die Meierei* beziehen sich auf den Inhalt, genau so wie ursprünglich *die Lollos*. In *die Melonen* und *die Liebesäpfel* möchte man am liebsten reinbeißen. Für das Ganze haben wir das *Vordergestell*, den *Vorderbau*, den *Balkon* und die berühmte *Auslage*, die besonders gut gefällt, wenn viel darin zur Schau gestellt wird.

Ordinär sind *Nudelwalker*, *Zitzen* und *Euter*. Ziemlich abstoßend sind *Nuckelschläuche* und *Kutteln*, die beide Schlaffes bezeichnen und die zu *Schrotbeuteln*, *Hängetitten* und *Biberschläuchen* werden können. All das ist unschön. Um diese Erscheinungsform auszudrücken, sagt man auch, sie hängen wie *Waschlappen* oder wie die *Eier eines alten Kamels*. Die Hunde bellen, die Karawane zieht weiter.

Gehen auch wir weiter. Ich erwähne nur noch *zwei Linsen auf ein Brett genagelt*, die nicht sehr nahrhaft sind.

Vorderbühne gefällt mir recht gut, lieber mag ich *Vorderherz*, wie Balzac in *Vater Goriot* schreibt.

Seltsam, aber die *Ohren* und die *Propeller* ziehen mich an. *Die Reizwellen* rollen heran, in der Marine träumt man davon. Auf dem Land sind *die Rosenknospen* und *die Liebeshügel* Vorboten der Liebe. *Die Avantgarde* paßt zu Künstlern und auch zu Militärs. Pofetischisten mögen *Vorderbacken. Die Back*, ein weiterer Ausdruck für Matrosen.

Bei einer gut ausgestatteten Frau blenden die *Scheinwerfer*. Man ruht auch sanft auf ihren *Airbags*.

Ich mache schnell, ich bin gleich fertig. Ich füge *Holz vor der Hütte haben* hinzu, in der Hoffnung, daß es bei Ihnen der Fall ist. Ich verstehe eine *Front wie 'ne wendische Amme* nicht (haben die andere Brüste?), aber es gefällt mir recht gut. Hier noch die *zitternden Zwillinge*, die *Pendeltitten*, die *Spaßlaibchen*, die *stramme Weste*, die *wohlgefüllte Bluse* und die *Streicheltiere*. Nur zur Erinnerung erwähne ich die *Gummiflicken*, die Rettung aller Radfahrer. Und, gar nicht christlich, *der Heidenspaß*.

Es gibt auch die *Milchschalen*, die *Haubitzen* und die *Knallkörper* (wenn die Frau eine Bombe ist). Für den Hintern habe ich schon *die Kurven* vorgeschlagen. Manche verwenden dieses Wort auch für vorne. Es ist also ein Wendewort. Ich kann nichts dafür.

Das ist alles für heute! Auf bald!

Paris, am 3. Dezember

Liebes Fräulein,

Ich habe Ihren Brief erhalten und bin Ihnen ganz und gar nicht böse. Natürlich bin ich ein wenig enttäuscht, aber ich verstehe, daß Sie zögern, mich zu besuchen, einen alten Mann wie mich, der immer nur von der einen Sache spricht ...

Sie erwähnen »Oralsex«? Mein Gott, er ist so alt wie der Mund. Das Fremdwort ist hier *Fellatio*, aber üblicher ist *blasen*, *flöten*, *lecken*, *parisern*, *lutschen*.

Mir ist bekannt, daß er in den Filmen, die Sie synchronisieren, oft ausgeübt wird. Auch wenn Sie in diesen Momenten sicher wenig Text zu sagen haben, habe ich für Sie eine kleine Liste vorbereitet.

Man sagt selbstverständlich *saugen*, *lutschen*, *nukkeln*, *jemandem einen blasen* und *den Kamin anblasen* (was so schön altmodisch ist), *sich einen abschöpfen*, *einen abputzen lassen*. Man läßt sich eine *Leckerei*, eine *Höflichkeit*, eine *Feinschmeckerei* und einen *Leckerbissen* machen oder *einen maßschneidern*. Man *schlürft einen Aperitif*. Es ist die Stunde, in der Damen *in den Rauchsalon* auf einen *Eierlikör* gehen und Vegetarier *am Stengel knabbern*. In Belgien läßt man sich *im Mund verschmekken*, woanders *stößt man ins Horn* oder *in die Posaune*, man *spielt Sackpfeife*, man läßt sich *die Pfeife durchputzen*, man *stopft einem das Maul*, man *rebelt die Weinbeeren des Herrn* oder *poliert den Kandelaber*. Man kann *am Liebesquell trinken*, was manchen Durst stillt.

Es gibt auch *die elektrische Zunge*, aber ich rate Ihnen davon ab. *An der Saftpresse nuckeln* funktioniert nur in Obstanbaugebieten. *Am Taucher sein*, *die Nudel langziehen*, *in die Tröte blasen* und *an der Steckrübe nagen* sind beinahe schon Klassiker.

Zähneputzen, *Rachenwäsche* und *Mundpflege*, all das findet in den eigenen vier Wänden statt. Eine Erfindung von Léon-Paul Fargue ist den *Zyklop inhalieren*. Man kann auch *an der Gurke knabbern* oder *Blauwasser ausheben* (warum, ist mir schleierhaft). Wenn man von der *Zeremonie* spricht, handelt es sich darum, außer man meint das Ganze.

Man sagt auch *den Erzeuger zum Schäumen bringen*, das gefällt mir eigentlich gut. *Den kalten Bauern aufwärmen* kann man nur auf dem Land.

Rauchen ist weit verbreitet, halten wir es fest. Damit verwandt ist: *ein Schmaucherl machen*. Mit diesem Genuß kenne ich mich nicht aus. Ich bin Nichtraucher.

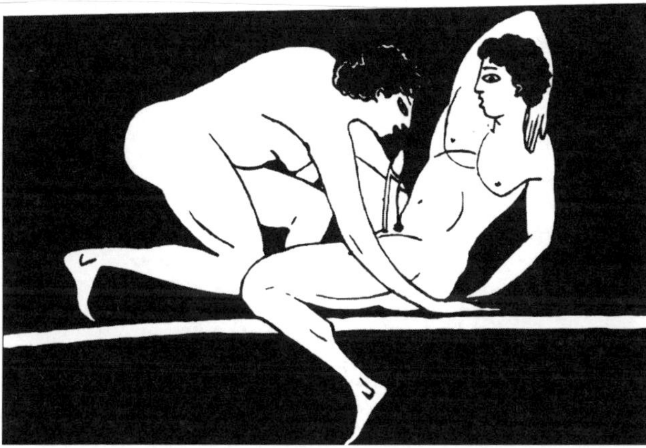

In den Bergen habe ich von *Alphornblasen* gehört und davon, die *Schneekanone anzuwerfen.*

Wenn man bis zum äußersten Ende geht, sagte man im 18. Jahrhundert, daß die Fellatrix (oder der Fellator) *vom Liebesquell schöpft*. Heute sagt man, daß sie (oder er) *die bittere Pille* oder *den Kaviar schluckt*, *sie verzichtet nicht gern auf ihre Nachspeise*, *sie läßt nichts kalt werden*, bei ihr wird *nichts verschüttet*. Sie ist *keine Verschwenderin*, sie *verwertet alles* und *sie hat einen erhöhten Kalorienbedarf*. Sie *trinkt aus der Flasche* und *ißt den Aal* kommen noch hinzu. Für Feinschmeckerinnen ist es ein *Schuß Eierkognak*, *Vanillesauce* oder einfach *Schlagsahne*.

Bei Mirabeau und seinem *Erotika Biblion* ist der Begriff *calcidieren* dem Hodenlecken vorbehalten. Sueton hat *phicidieren* erfunden als Ausdruck für: sich die Hoden von jungen Hunden lecken lassen (das war eine Zeitlang in Mode). Wir bewegen uns hier in den römischen Gepflogenheiten, die offensichtlich oralfixiert waren.

Eine Frau, die ein Blasengel ist, *besteht alle ihre mündlichen Prüfungen*. Sie ist *zungenfertig*. Sie ist eine gute oder eine hervorragende *Flötistin* (aber nur für Kammermusik).

Im Paris des 19. Jahrhunderts lebte eine der berühmtesten Professionellen der Geschichte, die manchen Kavalier umgeblasen haben soll. Alfred Delvau, der sie kannte (vielleicht hat er bei ihr *ein wenig Sahne abgelassen*), schreibt, daß sie in Montmartre in einem düsteren Appartement wohnte, von oben bis unten mit schwarzen Stoffen drapiert. Aus diesen Gründen wurde sie die *Trauerpumpe* genannt.

Im Wien der Besatzungszeit übernahm der Volksmund aus einem Mißverständnis heraus das Lieblingsschimpfwort der amerikanischen Soldaten: *cock sucker* (Schwanzsauger) und machte daraus Kacksackel, das heute einen Homosexuellen bezeichnet.

Aus der Blüte Honig saugen ist so poetisch, es könnte aus einem Volkslied stammen. Man sagt auch *einen verwöhnen*, *einen anfeuern* und *das Messer an die Kehle setzen.*

Nach Schönbach schauen kommt aus dem 19. Jahrhundert und bezeichnet alle Liebesfreuden, die mit dem Mund bereitet werden. Wenn diese Freuden einer Frau im Speziellen bereitet werden (von einem Mann oder von einer anderen Frau), macht man einen *Cunnilingus*. Man sagt *lecken*, *züngeln*, *cunnilingeln* und *am Liebesknopf knabbern* sowie in den dreißiger Jahren *minettieren* und *Minette machen*. Man sagt auch *Seim fressen*, *von der Frucht essen*, *am Brötchen knabbern*, *Mundharmonika spie-*

len und *den Kitzler witzeln.* Restif verwendete ziemlich oft das Wort *patinieren*, ein Wort, das uns inzwischen entfallen ist. Man sagt auch *sich abgrasen lassen.* In Spanien *läßt man sich einen Bart wachsen.* In England ist es weniger langwierig: *Man geht essen.*

Manch einem Linguisten *liegt öfter mal was auf der Zunge*, auch wenn es mir lange nicht mehr passiert ist. Auch hier gibt es Regionalismen, und zwar in der Umgebung von Toulon *die Muschel ausschlürfen* und in Brüssel *in die Fritte beißen.*

Man kann *Zunge nach Art des Hauses* machen und *eine aufs Maul kriegen.* Einst *ließ man sich die Wiese abäsen*, heute *läßt man sich den Rasen abgrasen. Man schlürft die Muschel und befeuchtet die Narbe.*

In diesem Fall geht der Partner *in den Keller*, er mag *frischen Fisch* und macht gerne *Seezunge.* Im

Wiener Kaffeehaus kann er sogar *ein Achterl ausheben.* Er läßt sich *den Schnurrbart frisieren.* Die Augen geschlossen, die Lippen gespitzt, die Hände wo er will, *empfängt er die Hostie in der Kapelle.* Immer mit diesem köstlichen Beigeschmack des Sakrilegs. Ich glaube, *den Streuselkuchen essen* habe ich bereits erwähnt, allerdings ist es eher ein Aperitif als ein Dessert. Übrigens, *essen* können Sie nach Belieben mit allen Wörtern ergänzen, die ich Ihnen schon geschrieben habe, und sie mit Adverbien nach Ihrem Geschmack würzen.

Sie haben mich darum gebeten, Ihnen etwas über die *Masturbation* zu erzählen. Sie ist die *Nachtmütze der Liebe*, sie hilft einem manchmal dabei, eine ruhige Nacht zu verbringen. Es ist mir ein bißchen unangenehm, aber ich stehe zu Ihren Diensten.

Ich werde versuchen, schnell zu machen.

Offenbar wird *wichsen* am meisten verwendet, zusammen mit *masturbieren* und *sich berühren.* Ich ergänze mit Wörtern für beide Geschlechter: *handarbeiten, Hand an sich legen, sich einen abschütteln, sich Ringe unter den Augen holen, sich befriedigen* und auch *fingern* und *handgreiflich werden, spielen* oder *sich sein eigenes Süppchen kochen.* Es ist *Selbstliebe, Solo-Sex* und *die Hände in den Schoß legen.*

Für das sogenannte starke Geschlecht sagte man früher *sich bekibbischen.* Dieses Wort ist heute unverständlich. Der Mann von der Straße sagt *sich die Flosse geben, aus dem Handgelenk schütteln, das Vordergeschirr polieren, sich einen von der Palme schütteln, sich einen ablachen.* Nicht ohne eine gewisse Brutalität ist *Griffe kloppen.* Er kann *das Steuer in die Hand nehmen.*

In einer gewählteren Sprache *billardiert* man, *reizt man die Natur* oder *er spielt mit den Gedanken,* wenn er nicht allein im Haus ist. Man *poliert das Familiensilber* und *beschäftigt seine Hände*. Ich kannte einmal einen Mann aus dem Volk, der zu diesen Anlässen sagte: »Ich geh' dem Vater meiner Kinder die Hand schütteln.«

Ein anderer flüsterte: »En garde, Freudenspender …«

Onanieren ist der Bibelausdruck. Es ging darum, Fortpflanzung zu vermeiden. Schon wieder ein Vorwand.

Sich einen runterholen klingt hingegen wieder unanständiger. Ich kann nichts dafür. Genauso unfein ist *einen Schleuderer machen* und *sich das Rohr ausputzen*. Wir gehen noch weiter, wenn wir sagen: *sich einen abmelken*, *sich ausschleimen*, *sich die Würmer aus der Nase ziehen*, *sich einen runterreißen* und *die Ladung löschen*. Man kann auch

Rembrandt f. 1646.

Käfferle pflanzen in der Hoffnung, es wachsen zu sehen.

Sich selbst beflecken ist gewählter, genauso wie *den Zebedäus polieren*. An dieser Stelle möchte ich Sie an eine Redewendung aus dem Volksmund erinnern: »Man muß das Glück beim Schopfe packen.« Wir dürfen auch *fünf gegen einen* und *den Streit der Mönche* nicht vergessen, sie stammen aus der Kirchensprache. Manche ersetzen Mönche durch Jesuiten. Der Sinn bleibt der gleiche.

Man kann auch sagen: *Tränen melken*, was nicht gerade lustig ist, *sich in Fluß bringen* und *den Kaspar schneuzen*, wenn man stark verschnupft ist. Wir treffen an dieser Stelle auf alle bereits genannten Wörter, die unserer neuen Aufgabe entsprechend beliebig kombiniert werden können. Man nehme einige Verben und sagt zum Beispiel *den Zacharias schütteln*, *den Pontifex polieren* oder *den Bürgermeister reizen*. Jeder kann nach Lust und Laune improvisieren. Auf jeden Fall geht es darum, *Blauwasser auszuheben* und *den Korken knallen zu lassen*. Wie auch immer, man spielt *spuck's aus oder ich würg' dich*.

Friedrich Schiller brachte es in seinen *Räubern* auf den Punkt, indem er sagte: »Ich fühle eine Armee in meiner Faust.«

Klassisch ist *handgreiflich werden*. Sehr wenig verbreitet sind *krumme Finger machen* und *aus der Lamäng machen*. *Däumchen drehen* ist harmlos, genauso wie *Blümchen pflücken*. Ich vergesse nicht die Gottesdiener: Neben dem *Gebet der Mönche*, das ich so ähnlich bereits erwähnte, haben wir *das ejakulatorische Gebet*, das im stillen Kämmerlein stattfindet, und *den Segen des Küsters*. In diesem Zusammenhang fällt mir noch ein: *den Papst ärgern*.

Für die Damen gibt es auch einige Besonderheiten: Angefangen mit der berühmten *Veuve Clito*, fingerfertige Witwe, die stets zur Hilfe eilt, *fingerln*, *die Klingel betätigen* oder im Notfall auch *Sturm läuten*. *Das Begeisterungsknöpfchen* kann man *anschmeißen* oder daran *zupfen*, bis es abgeht. Man kann auch *die Maus melken*. Früher empfahl man, *die Klitoris zu kitzeln*. Die wissenschaftliche Bezeichnung »Klitoris« entstand übrigens erst im 17. Jahrhundert. Poetischer kann man *den Kitzler entblättern*. Musikerinnen *spielen die Mandoline*, lautlos.

In Québec *kratzt man an der Heugabel*, was wieder etwas Bodenständiges hat.

Sie haben mich ebenfalls gebeten, Ihnen »einige Stellungen« zu nennen. Habe ich schon *die archimedische* Schraube oder andere Positionen erwähnt? Selbstverständlich kennen Sie den *Neunundsechziger*, auch genannt *Kreisverkehr*, *Tuten und Blasen* oder *Doppelminette*. Überall ist die Rede von *Kuschelsex, Samstagabendsex* und der *Missionarsstellung*, aber es gibt auch die *Hündchenstellung*, die *Löffelstellung, die Reiterstellung, die horizontale Kampfebene* (dabei kommt man sofort zur Sache, ohne Vorspiel, es ist sozusagen ein *Bajonettdrill aus dem Stegreif*). Wenn man dazu einen Finger in den Preußen einführt, heißt es ein *Kutscherstich*. Sagen Sie mir bitte, warum, wenn Sie es wissen.

Wahrscheinlich kennen Sie das *Zweimann-* oder *Dreimannloch*, das *Quartett*, den *Sexspänner*, die *Gangbangs* und den *Mehrverkehr*. Ich sehe darin nur armselige Gymnastikmeisterschaften, traurigen Leistungssport. Noch dazu sind diese Wörter triste, wie auch *Gesichtsbesamung*. Wer könnte daran Gefallen finden, sie in den Mund zu nehmen?

Eine Freischaffende, wie man heute sagt, hatte gewettet, daß sie zum Millenniumswechsel zweitausend Männer in vierundzwanzig Stunden zum Höhepunkt bringen würde. Ob es ihr gelungen ist? Ich habe nichts weiter darüber gehört.

Wenn wir schon beim Kapitel der vermischten Meldungen sind, erlauben Sie mir, meine Bestürzung und Abscheu zur Sprache zu bringen, wenn ich in den Medien von noch nie dagewesenen Sexualverbrechen, wie Babyhandel und Vergewaltigung von Säuglingen lese und höre. Selbst der Marquis de Sade hätte sich derartige Entgleisungen nicht vorstellen können. Wo führt das noch hin? Können Sie mir es sagen? Manchmal bin ich durcheinander, da ich mich trotz meiner Abgeschiedenheit, so scheint mir, doch noch dem Menschen zugehörig fühle.

Zurück zu den geistreicheren Einfällen – es geht nämlich auch ohne dieses Grauen –, hier ist alles nur eine Frage der persönlichen Erfindungsgabe

und Vorstellungskraft. Ich werde Ihnen keine Liste vorlegen. Aber wenn Sie Bedarf haben sollten, empfehle ich Ihnen insbesondere ein ganzes Kapitel aus der bereits erwähnten *Unbefleckten Empfängnis*. Dort werden Sie sehen, wie Dichter es ausdrücken. Ich finde es sehr schön.

Eine Besonderheit. Wenn der Mann aufpaßt, sprich, *sich zurückzieht*, wenn er *vor der Kurve abspringt* (wieder der vielzitierte *Coitus interruptus*), sagt man *vor Michaeli ausziehen*, *bauchlackieren* oder *an der Schwelle niesen*. Wie auch immer, er ist *Falschspieler*.

Ein junges Mädchen, das sich *entjungfern* oder *deflorieren* läßt (noch eine Ihrer Fragen), *verliert ihre Blume*. Manche präzisieren: *ihr Marienblümlein. Ihr Denkmal wird enthüllt*, *ihr Krug wird zerbrochen*, *ihr Schatzkästlein wird aufgeknackt*, in dem sich manchmal ihr ganzes Kapital befindet.

Sie läßt sich *den Brief entsiegeln* und den *Eingang entriegeln.*

Furetière sagte: »Sie verliert *die schönste Rose ihres Hutes.*« Man sagt auch, *sie hat ihr Tüchlein fallen lassen,* und selbstverständlich hat sie *ihre Unschuld verloren*, ihre *Jungfräulichkeit*, ihre *Jungfernschaft*, ihre *Keuschheit*, alles, was Sie wollen. Bei einem jungen Mädchen sagt man *das Klärchen aufklären* und *zur Dame machen*. Widerspenstige werden selbstverständlich *gezähmt.*

Ein junges Mädchen macht *den ersten Schritt* und *ißt vom Baum der Erkenntnis*. In Weinanbaugebieten läßt sie sich *anstechen* oder *das Faß anzapfen*. Der Gewinner *bekommt den Siegerkranz*, er *durchbricht die Barrikade*. Er *öffnet die Büchse*, er *knackt den Tresor*, jedenfalls *löst er das Rätsel.* Und es gibt immer nur einen, der das Rätsel lüften kann.

Im Laufe unserer Recherchen ist immer wieder *Samenflüssigkeit* vorgekommen, anders genannt: *Männermilch*, *Sperma*, *Samen*, *Lebenssaft*. Ich möchte gerne ergänzen mit *Lederbalsam*, *Schmieröl*, *Wonnekleister* und zwei weiße Verwandte: das *Pulver* und der *Schnee*, die Suchtpotential haben. Ich glaube nicht, das *Lebenselixier* schon erwähnt zu haben. Hiermit habe ich es wiedergutgemacht. Ich schließe mit dem *Gurkensaft*, der nicht gegen Gicht hilft.

Ich wühle in meinen verstreuten Notizen. Was könnte Sie noch interessieren? Eine *Tournante* ist ein abscheulicher Ritus unserer Tage. Viele Jugendliche in den Banlieues haben ihre Vorstellungen von Sexualität ausschließlich aus gewissen Filmen. Sie halten Mädchen für Wanderpokale, die niemals nein sagen können. Sie greifen sich eine und mißbrauchen sie reihum. Traurig für alle.

Ein Kunde eines Freudenmädchens, das sich ihm gratis anbietet, wird *schwarzer Freier* genannt. Wenn diese sich hingegen mit einem *Dildo* eine Freude macht, sagt man, *sie macht sich einen Trip,* oder sie ist *Alleinunterhalterin.*

Pagenliebe bezeichnet die Neigung von Damen fortgeschrittenen Alters für sehr junge Männer, Pagen eben. Wer könnte es ihnen zum Vorwurf machen?

Auf einem Notizzettel sehe ich auch *eintunken,* gefolgt von einem Fragezeichen. Ehrlich gestanden sehe ich hier keinen genauen Sinn. Der Ausdruck scheint mir ziemlich vage. Es klingt, als ob man was auch immer wo auch immer eintaucht.

»Ich habe einen heiß wie ein Hörnchen frisch aus dem Ofen«, sagte einmal Gérard Depardieu. Aber ich vermute, es war ein Filmzitat, und er sprach nicht von sich selbst. Jean Carmet, ein anderer Schauspieler, ist der Urheber von »in letzter Zeit geh' ich nur meinem Schwanz nach«, es zeugt von einer Mischung aus Obsession und Sich-gehen-lassen. So einer wird auch ein *Springinsfeld* genannt.

Ich schließe hier im vollen Bewußtsein, daß Sie mir noch eine weitere Frage gestellt haben. Aber sie ist so fordernd, daß ich eine gute Woche brauche, um darüber nachzudenken.

Keine Sorge, ich denke an Sie.

Paris, am 11. Dezember

Liebe Françoise,

hier also, wie ich denke, mein letzter Brief. Da er kurz vor Weihnachten bei Ihnen eintreffen wird, nutze ich die Gelegenheit und wünsche Ihnen ein frohes Fest.

Das Beste hielt ich mir selbstverständlich für den Schluß auf. Darum bat ich Sie in meinem Brief vom 3. Dezember um eine Nachdenkpause.

Sie fragen mich, wie man den *Höhepunkt* noch benennen kann. Welch eine Herausforderung! Wie soll ich darauf eingehen?

Es ist einfach *der höchste Genuß*. Allein das Wort Genuß ist herrlich! Es schmeichelt dem Gaumen und dem Herzen. »Der höchste Genuß besteht in der Zufriedenheit mit sich selbst«, schreibt Jean-Jacques Rousseau, dem ich allerdings an manchen Tagen nicht zustimmen kann.

Natürlich sagt man auch *kommen* wie im Englischen und *glänzen, klingeln, den Schmerz stillen, den Durst löschen* und *die Schleusen öffnen*.

Auf jede Art und Weise findet man *Befriedigung, Glück* und *Wonne*.

Der Mann *befriedigt* eine Frau, er *bringt sie zum Glänzen*, *er bringt sie zum Strahlen* und *zum Leuchten*. Er *spielt auf ihrer Mandoline* und *erweitert ihren Horizont*. Sie *verdreht die Augen*. Sie *löst sich auf*, sie *gerät in Rage* und *in Ekstase*. Eine Wendung, die der größten mystischen Dichter würdig ist: *Die Lebensgeister weichen aus ihrem Gesicht*.

Ich liebe auch sehr: *das süße Leiden, das Lied ohne Worte* und *der schmerzlose Schrei.*

Wenn eine Frau den *Orgasmus* erreicht oder den *climax*, wie er auf englisch heißt, dann *verliert sie den Kopf, ringt nach Atem, schnappt nach Luft, greift nach den Sternen* und *schreit nach Leben.*

Man sagt: *Sie kommt in den siebten Himmel,* und *sie startet zum Sternenflug. Sie singt, sie aalt* und *sie räkelt sich, sie stößt ihren Schrei aus* und *erstrahlt.*

Männer nennen es *abladen, ejakulieren, abgehen, absahnen, abspritzen* und *kommen.* Man sagt auch das *große Schaudern* und das *große Beben,* der *kleine Tod,* das *Kikeriki* und die *Lawine.* André Frédérique, ein französischer Surrealist, sagt: *den letzten Bahnhof erreichen.* Wenn es sehr theatralisch zugeht, kann man sogar von *Taifun, Flutwelle, reißender Strömung* oder *Wirbelsturm* reden.

Im Turnerjargon heißt es auch die *Riesenwelle* und bei den Feuerwerkern die *letzte Rakete* oder *Knalleffekt.*

Für die, die immer mit der Mode gehen, paßt *der letzte Schrei.* Der Dichter träumt stets von *einer Apotheose.* Mann wie Frau kann *den Jackpot knacken.*

Der Untergang der Titanic ist ein wenig veraltet. Die *Mission Apollo* hingegen ist heute noch beliebt. Das *Raumschiff Enterprise* gleitet durch das Vakuum des Weltalls bis zur äußerst heißen Landung.

Wenn es einmal nicht so stürmisch zugeht – zur Flut gehört auch die Ebbe –, sagt Mann: *Ich kann das Segel nicht hissen, ich lasse den Kopf hängen, ich habe eine Sendestörung, ich habe einen Stromausfall, ich habe einen Platten, ich habe einen Flauen, ich*

habe einen Weichen. Folgendes wurde mir zugetragen: Eine aufs grausamste enttäuschte Dame sagte, während sie sich wieder anzog: »Ich glaubte mich in einem Katastrophenfilm.« Oder stellen Sie sich vor, liebe Françoise, Billardspielen mit *verbogenem Queue*.

In dem Zusammenhang dürfen wir den *Schlappschwanz, das Weichtier* und alles, was sich daraus ergibt, nicht vergessen: *die Fehlzündung, das Fensterleder, der Schlaffe*. Eines Abends hörte ich in einem Restaurant einen jungen Mann sagen: »Gestern abend hatte ich einen Halbsteifen«, er schien es zu bedauern.

Man spricht auch von einem *geknickten Ast,* von einer *bamstigen Nudel,* wenn *der Zeiger auf halb sechs steht*. Man sagt: *der Traum ist aus, der Bart ist ab!,* oder *die Augen sind manchmal größer als der Schwanz.*

Keine Angst vor den Wörtern, sie haben keine Angst vor uns.

Zum Schluß würde ich Sie – nur vorsichtshalber – gerne wissen lassen, daß es Mittel und Wege gibt, den meist sehr kargen Dialog zwischen den Liebenden im Augenblick ihrer Vereinigung zu bereichern. Ich meine das immer gleiche — *ja-ja, das ist gut, das ist gut* und *mehr-mehr*.

Das Wesentliche in der Textproduktion muß allerdings dem einzelnen überlassen werden, und ich biete hier natürlich nur ein paar Ideen zur Orientierung. Ich überlasse Ihnen und Ihren Kollegen das Adaptieren je nach Situation und Persönlichkeit der Darsteller. Das ist die Kunst des dramatischen Schreibens.

Dazu eignet sich eigentlich der ganze Reichtum der deutschen Sprache.

Man kann zum Beispiel in aufsteigender Ordnung sagen: *Das ist fein, das ist prickelnd, das ist wunderbar, das ist phantastisch, das ist traumhaft, das ist himmlisch, das ist enorm, das ist riesig, das ist noch nie dagewesen* und *das ist wirklich nicht schlecht.*

Sie können auch alle Wörter, die Sie in meinen Briefen finden, auf diese oder jene Weise kombinieren. Mathematisch ergeben sich so unendlich viele Möglichkeiten. Man darf nur nie aus den Augen verlieren, daß der so entstandene Text wollüstig und grundsätzlich ermutigend bleibt. Ein zu verkorkster und manierierter Stil ist nach meinem Empfinden zu meiden. Er führt nur zu Verwirrung und Aufgabe.

Fangen wir mit einfachen Wörtern an. Die üblichsten sind: *spüren* (ich spüre dich, ich spüre dich hart, ich spüre dich überall), *machen* (mach mir dies, mach mir das), *geben* (gib mir alles), *nehmen* (auf alle möglichen Arten, siehe meine bisherigen Briefe). Mir kamen auch Ausdrücke zu Ohren wie: *bearbeite mich, strapaziere mich, öffne mich, entführe mich, fessle mich, erforsche mich, verwüste mich, durchdringe mich, stürme mich, töte mich* und die bei uns typische Wendung *schone mich ja nicht.*

Unter den Originalaussprüchen, die mir zugetragen wurden oder die ich in gewissen Büchern gefunden habe (meine persönliche Erfahrung liegt zu weit zurück, sie wäre auch zu bescheiden und ohnehin einsilbig), erinnere ich mich etwa an *Halleluja!* oder auch *bring mich zum Schreien, ich bin dein Zuhause, hab keine Angst, laß uns feiern, Tor, Tor, Tor – ich werde wahnsinnig!, o Gott o Gott, ein Traum, Amerika*!, heute ist ein Festtag, das ist das Land, wo*

* In Amerika, vor allem im Süden, sagt man gern: *Paris!*

Milch und Honig fließen, das ist das Beste vom Tag, das ist reines Gold, das ist das wahre Glück oder *eine echte Freude, das ist wirklich was, das ist echt super, Abenteuer pur, Luxus pur, die große Überfahrt, o wie zart, o wie hart* (mit Bewunderung und nicht mit Bedauern). Ich habe auch für Sie diese entzückende Anekdote notiert: Eines Tages sagt eine scharfsinnige Frau an der Schwelle zum höchsten Genuß zu ihrem Partner: »Ja, du bist ein Mann!«

In diesem Bereich sind auch Regionalismen erlaubt. Ich würde sie sogar empfehlen, wenn man einem Einheimischen gefallen möchte. In Neapel kann man *der Vesuv,* in San Francisco *die Golden Gate*, in Paris *der Eiffelturm* und in Delhi *der Qutub Minar sagen.* Der Spanier hört gern *la gran faena* (er wird es verstehen), der Italiener *Dantes göttliche Hölle* oder *Fellinis Schiff der Träume*, freilich noch wirkungsvoller mit der passenden Geste. Matrosen schätzen *was für ein Sturm!* und *was für ein Orkan!* so wie *Land in Sicht!* oder *Alarm auf allen Stationen!*

Halali halala! funktioniert ausschließlich bei einem Jäger. *Du kriegst die Goldmedaille* hat während der Olympischen Spiele Saison. *Du wirst ins Super-Bowl-Finale kommen* schmeichelt dem Amerikaner.

Das ist Flugakrobatik vom Feinsten paßt für Piloten, so wie das bekannte *aufgrund unerwarteter Turbulenzen bitten wir Sie, die Sicherheitsgurte anzulegen!* Mit einem Bauern rate ich Ihnen *bestelle mein Feld.* Der Polizist hört gerne *was für ein Gummiknüppel* und der Künstler *was für ein Meisterwerk.* Wenn Ihnen nach Religiösem zumute ist, singen Sie *Stille Nacht, heilige Nacht!*

Für Liebhaber der Superlative (oder der Feinheiten) haben wir *das ist groß, das ist Shakespeares Sturm, das ist pharaonisch, das ist galaktisch, es gibt nichts Besseres auf der Welt, wechsle ja nicht die Hand, nur Mut, Kleiner, das ist ein glorreicher Abend* (mit einer politischen Nuance), *Hopp, Hugo, hopp, meine Mutter hat mir davon erzählt, das ist es, es ist soweit, das ist der richtige Weg, da kommen wir hin, das ist wie Glut, ich wußte nicht, daß es das gibt* (ehrlich oder nicht). Ein sportlicher Freund von mir bestätigte, daß folgender Satz unter Radsportlern wirklich verwendet wird: »Du trittst in die Pedale wie ein Sieger!«

Wenn man ausdrücken will, daß man es sich dabei gutgehen läßt und sich dafür alle Zeit nimmt, dann haben wir: *Es eilt nicht, ruhig Blut, es brennt nicht. Nehmen wir nicht den Eilzug* ist eine Variante – mit der spitzfindigen Ergänzung: *Ich halte gerne bei jeder Station an.*

Eines schönen Sommerabends im Jahre 1952 hörte ich bei einem Spaziergang in einer Vorstadtgasse durch ein offenes Fenster eine Frauenstimme gestehen: »Das ist besser als alles, ich schwöre es dir!« Als ich mich langsam entfernte, hörte ich eine Männerstimme dreimal sagen: »Es lebe die Liebe!«

Ein anderes Mal, in einer anderen Gasse, hörte ich eine Frau am Gipfel des Erstaunens ausrufen: »Was ist denn das?«, und eine Männerstimme antwortete ihr mit strengem Ton: »So ist es und Punkt!« Und dann war Stille.

Da wir uns im Bereich des Hörensagens befinden, hat folgende Geschichte auch ihren Reiz: Einer meiner Freunde hörte einst in einem Hotel in Châteauroux mitten in der Nacht aus dem Nebenzimmer eine Männerstimme befehlen: »Sag mir, daß du die Frau von Marcel bist!«, und eine Frauenstimme antwortete mit höriger und zitternder Stimme immer wieder: »Ich bin die Frau von Marcel!«

Ich überliefere Ihnen diese Anekdote, wie sie mir zugetragen wurde. Sollten Sie sie verwenden, bitte ich Sie, den Vornamen zu ändern.

Ich erinnere Sie an *the moon is blue*, ein typisch amerikanischer Ausdruck, und für Augenblicke höchster Verwirrung weise ich auf folgende Ausdrücke hin: *Ich bin verloren, Hilfe, Time out, ich ertrinke, nein, Gnade, du zerstörst mich, du verwüstest mich, du vernichtest mich, du machst mich kaputt, wo bin ich?, oh, ich sterbe, wo bist du?, wo ist die Sonne?, ich bin benebelt.*

Ich ergänze noch mit: *Das ist das Paradies*, und das Gegenteil *das ist das Inferno* (manche mögen im gleichen Sinn lieber *göttlich!* und *du bist ein Dämon*). Ich darf auch nicht vergessen: *Was machst du da?* (eine Frage, die normalerweise ohne Antwort bleibt), *mach, was du willst, bedien dich, denk jetzt nur an dich, bleib, nicht gleich, warte noch* oder auch im Gegenteil *komm, komm schnell, ich habe Lust* und *ich habe große Lust,* sogar *ich brauche es, sofort, ich kann nicht mehr, du machst mich fertig, mir ist heiß, mir ist kalt, du tust mir weh, ich hab Durst, ich hab Angst, was machst du mit mir? was mach' ich da?* (hier kann man antworten oder auch nicht), *ich höre nichts mehr, wo? was? was ist das schon wieder? du bist verrückt! das hätte ich nie gedacht!, sehen wir uns morgen?*

Üblich ist auch in solchen Momenten, höre ich immer wieder, daß man sich gegenseitig um die Wette mit wenig anständigen Namen bedenkt. Offensichtlich eine alte Sitte. Ich verstehe die Intention *(ich bin dies, du bist das)*, aber da mir das Schreiben dieses Kapitels relativ leicht erscheint, überlasse ich es Ihnen mit aller Indiskretion.

Ich rufe Ihnen dennoch einige interessante Varianten in Erinnerung wie: *Du willst mich nur erniedri-*

gen, du tust mir weh, aber ich mag es, du behandelst mich (oder *behandle mich*) *wie eine Dirne* (oder jedes andere Wort, das treffender erscheint). Authentisch soll auch sein: *Mach nicht zu schnell, nimm dir alles, gib mir alles …*

Es gibt auch *Bravo*, *das ist es, das ist es genau!*, *du hast es*, *du bist der Beste* und weitere Komplimente bis hin zu Dankesworten, stammt die Begleitung aus gutem Hause. Ergänzen wir mit: *Mit dir bin ich zu allem fähig, ich wußte es, als ich hierherkam, du hättest mich trotzdem warnen können, du bist ein Schuft, nein, ich habe nicht von Aufhören geredet, woher wußtest du das?, das hast du mir verheimlicht, das hätte ich von mir nie gedacht, du hast mich durchschaut, du weißt alles, du weißt, was ich liebe, und du nützt es aus, du beschmutzt mich, du entwürdigst mich, ich schäme mich, es tut so gut.*

Und schließlich – ich möchte keine Liste künstlich verlängern, die offensichtlich unendlich lang ist –, vergessen Sie nie zu sagen, und zwar so oft es Ihnen möglich erscheint: *sieh mich an* und *sprich mit mir*. Diese Sätze bringen die Augen und die Sprache ins Spiel, zwei Dinge, ohne die gewiß etwas ganz Wesentliches in der Erotik fehlt.

Für das, was man sieht, können Sie nichts. Das hängt alles vom Regisseur und den Darstellern ab. Für den Text aber habe ich mein Bestes gegeben, Ihnen zu dienen.

Mit der Einschränkung vielleicht, die man manchmal hört: *Ich kann es nicht in Worte fassen*.

Was kann ich noch sagen? Ich möchte das weite Feld der Perversionen nicht betreten, dieses unheimliche Gefilde, das die Patres einst »die widernatürliche Unzucht« nannten. Diese Praktiken sind wenig verbreitet und die Wörter, die sie beschreiben, meist wissenschaftlich und kalt. Ich mag sie nicht. Die Perversion fängt manchmal dort an, wo der Genuß aufhört. Daher lasse ich diese Tür lieber verschlossen. Ich bin kein Mediziner, ich bin ein Lexikograph. Ich habe das Glück, das wenigen zuteil wird, die Grenzen meines Königreiches klar definieren zu können, außerdem finden dort selten Aufstände statt.

Natürlich habe ich nur von alltäglichen Wörtern gesprochen, bekannte Wörter, die verwendet werden, Wörter, die uns in unserem Leben begleiten, denn es gibt noch andere, die geheimen Wörter, intime Wörter. Über manche wissen nur ihre Erfinder Bescheid. Daher kann man diese unmöglich verwenden, andere würden sie nicht begreifen.

Ob sie auch zu unserem Sprachschatz gehören? Ja, ich glaube. Solange sie von einem Menschen ausgesprochen werden, gehören sie uns allen. Alle Wörter gehören uns.

Wollen Sie ein Beispiel? Nehmen Sie einen Dichter wie Erich Fried, schlagen Sie seine Liebesgedichte auf, auf der Seite, wo »An Anna Emulb« steht. Und sie werden Erstaunliches finden:

»Ich eme dich, ich aime dich sehr, du mein Ziel,
du mein aim!
Ich will dich mulben und ulben, denn du bist
nicht, wie er sagte,
von hinten wie von vorne, und er soll seinen Rin-
dertalg für sich behalten.
Pfui! Ich sage es ganz unverblümt:
Er soll seinen Rücken, seine Kehrseite, einfetten
und streicheln,
denn ich bin es jetzt, der jetzt lebt und liebt
und dich mulbt und dann ulbt
und dann lbt, solange du willst!«

Was können Sie sich mehr wünschen, zumindest in bezug auf die Sprache?

Nun stehen wir fast am Ende.

Wozu dienen die Wörter? Das frage ich mich manchmal. Um die Dinge anders auszudrücken. Immerhin. Um uns zu helfen, steif und fest daran zu glauben, daß die Fülle an Wörtern ganz klar ein Zeichen von Geistes- und vielleicht sogar von Herzensfülle ist.

Natürlich bleibt einem dabei immer ein Geschmack von Nichtbefriedigtsein. Eine Recherche ist nie abgeschlossen: So lautet das Gesetz, hier wie anderswo.

Man kann sagen, ganz besonders was die Sprache betrifft: Je mehr man findet, je mehr bleibt zu entdecken. Mit jedem Wort erweitert sich der Horizont, verglimmt der Lichtschein, und Gespenster

lauern uns auf. Im Herzen jedes Volksgedächtnisses ruht ein wahrer Schatz aus Altem und Modernem. Wie alle Schätze gehört er angereichert. Unsere schöne Heimatscholle ist eine reiche Erde. Lassen wir sie nicht austrocknen und verkümmern, sonst würden wir selbst aufhören zu existieren.

Dennoch, hüten wir uns davor, aus diesem Lehm eine künstliche Gestalt zu kneten, die sich wie in meinen Briefen ausdrücken und zugleich aufhören würde zu leben.

Ein schwieriges Unterfangen, hier die Waage zu halten. Ich habe mich mit Worten zufriedengegeben. Aber ich bin nicht unbedingt ein Vorbild.

Wie steht es mit mir?

In der Reitersprache, der es, wie wir gesehen haben, nicht an Metaphern fehlt, nennt man ein besonders gelungenes Liebeswerk *einen fehlerfreien Parcours.*

Ist er mir gelungen? Nein, das weiß ich sehr wohl. Wo habe ich gelebt? Ich weiß es nicht.

Manche Wörter habe ich nicht zu lieben vermocht. Andere habe ich vergessen. Aber ich weiß, daß ich nun fertig bin. Ich habe Ihnen alles gegeben, was ich weiß, und bin glücklich darüber, wie erleichtert.

In manchen Bereichen ist unsere Sprache unerschöpflich. In anderen erscheint sie mir beschränkt. Zum Beispiel kenne ich nur ein Wort, um Danke zu sagen.

Ich hoffe, liebes Fräulein, daß Sie geliebt werden.

Verzeichnis der abgebildeten Werke

Seite 9: Pablo Picasso, *Angel Fernandez de Soto mit einer Frau*, 1902/03 © Succession Picasso / VG Bild-Kunst, Bonn 2008
Seite 43: Henri Matisse, *Ohne Titel*, 1930/31 © Succession H. Matisse / VG Bild-Kunst, Bonn 2008
Seite 73: Hetäre und Satyr beim Koitus, 510–500 v. Chr. (Museum of Fine Arts, Boston)
Seite 103: Hetären neben einem Phallos aus Ton, 490 v. Chr. (Villa Giulia, Rom)
Seite 115: Henri Matisse, *Frauentorso*, 1947 © Succession H. Matisse / VG Bild-Kunst, Bonn 2008
Seite 151: Liebesszene auf einer attischen Schale aus dem 5. Jh. v. u. Z. (o. O.)
Seite 159: Rembrandt, *Männlicher Akt vor einem Vorhang sitzend*, 1646 (o. O.)
Seite 165: Pablo Picasso, *Erotische Szene*, 1902 © Succession Picasso / VG Bild-Kunst, Bonn 2008
Seite 175: Auguste Rodin, *Sapphisches Paar* (ohne Datum), Musée Rodin, Paris
Seite 191: Rembrandt, *Studie eines Frauenbeins*, 1628/29, Rijksmuseum, Amsterdam

Wir danken dem Prestel-Verlag für die zur Verfügung gestellten Abbildungen aus der Reihe *Erotische Skizzen*.
Bisher erschienen: *Erotische Skizzen* von Rembrandt, Henri Matisse, Pablo Picasso, Gustav Klimt, Auguste Rodin, Egon Schiele, Oskar Kokoschka.
www.prestel.de

**Jean-Claude Carrière
im Alexander Verlag Berlin**

Der unsichtbare Film

Die Ferien des Monsieur Hulot
Roman nach dem Film von Jacques Tati

Praxis des Drehbuchschreibens und
Über das Geschichtenerzählen
(mit Pascal Bonitzer)

Georg Iwanowitsch Gurdjieff
(mit Peter Brook und Jerzy Grotowski)

Luis Buñuel, *Mein letzter Seufzer. Erinnerungen*

**www.alexander-verlag.com
Postfach 19 18 24 – D-14008 Berlin**

FLY UNITED
OHHHHHH MY GHOD
PLORP